はじめに

　金融庁が2023年8月29日に公表した2023年度金融行政方針には、「経営者保証は、スタートアップの創業や思い切った事業展開、円滑な事業承継、早期の事業再生等の阻害要因となっている面がある。金融機関による経営者保証への安易な依存をなくし、事業者の持続的な成長と中長期的な企業価値の向上に繋げていくべく、『経営者保証改革プログラム』（2022年12月公表）の実行を促進する」との記述があります。

　金融機関の現場実務においては、経営者に対して的確な説明を行い、納得を得ながら経営者保証を取得する必要がありますが、行職員の理解が進んでいないという悩みも聞かれます。

　本書は、地域金融機関の法人渉外担当者を主な読者とし、今求められている脱経営者保証の動きの背景、取り組む意義を明確にしたうえで、経営者保証の取り方および外し方、保証の考え方をやさしく学ぶ実務参考書です。逆の視点からは、経営者保証を外したい経営者、そのアドバイスを行う顧問税理士などの支援者にも参考となるでしょう。

　本書の第1章「経営者保証に依存しない融資慣行の確立に向けた取組み」では、新しい経営者保証の考え方と好事例となる参考事例集、組織的な取組み事例集などを紹介し、第2章「経営者保証の実務」では、新規融資、既存融資、事業承継、事業再生など様々な局面においての経営者保証への対応方法を、お客様との会話例などで具体的に理解できるようにしました。第3章「経営者保証に代わる新しい融資手法」では、経営者保証なしの審査をした結果、中小企業等に求められる経営状況等に努めてはいるものの、経営者保証なしの融資判断に至らなかった場合に、それに代替する融資手法等を解説しています。

　本書が、金融機関職員らにとって、事業者の持続的な成長を促しつつ、経営者保証に依存しない融資慣行確立の一助になれば幸いです。

2023年10月

黒木正人

JN123122

第 **3** 章　経営者保証に代わる新しい融資手法

経営者保証改革のポイント整理

 そもそも「経営者保証に関するガイドライン」とは？ **Q8**

　一定の要件が充足すると見込まれる場合には、経営者保証のない融資の可能性や経営者保証を代替する融資手法の活用を検討するというもの。

　金融機関は、やむを得ず経営者保証を求める場合には、保証契約の可能性等について丁寧かつ具体的に説明することとし、また、保証金額を形式的に融資額と同額とするのではなく、保証人の資産・収入状況や主債務者の信用状況等総合的に勘案して設定することを検討する。

▶経営者保証に関するこれまでの流れ

従来から…… **経営者保証は 融資慣行**	2013年12月 **「経営者保証に関する ガイドライン」公表**	2022年12月 **「経営者保証改革 プログラム」公表**
経営者に対する規律づけ、信用力の補完などから必要と判断され、求められてきた。 金融機関の説明不足や経営者にとっての過大な負担となると批判も。	経営者保証への過度な依存を解消するべく、中小企業への融資に関する保証契約の合理的な在り方を示した自主ルール。 中小企業、経営者、金融機関の共通認識となる。	経営者保証に依存しない融資慣行の確立を加速させるためのプログラム。 2023年4月からの新規融資に際して、経営者保証を求める場合、その理由の説明と記録が必要に（金融庁の監督指針も改正）。

 Point 1 新しい経営者保証はこう考える **Q1** **Q8**

☑ 「何が十分ではないために保証契約が必要となるのか」「どのような改善を図れば保証契約の変更・解除の可能性が高まるか」の詳細な説明と対話を通じて、経営者とコミュニケーションをとり、お互いの信頼関係を高めること。

☑ 「一緒に、経営者保証なしで融資が受けられる会社を目指しませんか？」というスタンスで、金融機関が取引先のガバナンスや財務改善に真摯に取り

組むことによって、経営者保証なしで融資できる会社に成長させること。

⚠️ 金融機関が個人保証契約を締結する場合に、保証契約の必要性等に関し、事業者に対して詳細な説明を求めるものであり、個人保証そのものを制限する趣旨ではないことに要注意。

 Point 2 「経営者保証を取らない3要件」がキーワード Q9 Q10

①法人と経営者との関係の明確な区分・分離

資産の所有やお金のやりとりに関して、法人と経営者が明確に区分・分離されていること

②財務基盤の強化

財務基盤が強化されており、法人のみの資産や収益力で返済が可能であること

③財務状況の正確な把握、適時適切な情報開示等による経営の透明性の確保

金融機関に対し、適時適切に財務情報が開示されていること

⚠️ すべてまたは一部を満たせば、経営者保証なしで融資を受けられる可能性があり、すでに提供されている経営者保証を見直すことができる可能性がある。金融機関は、要件の充足度合いに応じて、経営者保証を求めないことや保証機能の代替手法の活用を検討できる。

 Point 3 経営者への説明の件数報告と記録が求められる Q3 Q14

☑ 金融庁は、金融機関が経営者等と個人保証契約を締結する場合には、保証契約の必要性等に関し、事業者・保証人に対して個別具体的に以下の説明をすることを求める。また、その結果等を記録することを求める。
  ▶ どの部分が十分ではないために保証契約が必要となるのか
  ▶ どのような改善を図れば保証契約の変更・解除の可能性が高まるか

☑ 金融機関に対して、上記の結果等を記録した件数を金融庁に報告することを求める〈2023年9月期実績報告分より〉。

☑ 金融庁に経営者保証専用相談窓口を設置し、事業者等から「金融機関から経営者保証に関する適切な説明がない」などの相談を受け付ける。

☑ 状況に応じて、金融機関に対して特別ヒアリングを実施。

Point 4　融資の流れはこうなる 第2章

借入れ相談

「経営者保証に関するガイドライン」の内容をよく理解したうえで、経営者とのコミュニケーションにより信頼関係を構築。

経営者への説明

経営者保証に関する説明を行い、経営者等と個人保証契約を締結する場合には、説明したことを記録する。

金融機関内の手続き

融資稟議書の作成の際は、経営者保証要否の判断理由について、資産・収益力については定量的に、その他の要素については客観的・具体的な目線で、明確にする。

融資後

債務者に対しては、本業支援・伴走支援を積極的に行う。経営者保証を徴求した場合は、保証を外せる経営を、経営者とともに目指す。

Point 5　稟議書の所見欄も重要！

経営者保証を徴求する場合

当社のEBITDA有利子負債倍率は、現在18倍である。経営者に対しては、今後、経営努力により利益額を積み上げ、現預金を増やすことで、この基準が将来にわたって15倍以内となれば、経営者保証のない融資に取り組める可能性が高まることを説明し、納得された。
当行においては、当社が将来経営者保証なしで融資が受けられる企業となるよう、引き続き積極的に本業支援・伴走支援を行いたい。

こんな書き方はNG！

当社は、経営者保証を取らない3要件を概ね充足しているものの、裸与信が1億円と多額であることから、経営者保証なしでの融資はできないと思料する。

詳しく学ぼう

第 1 章

経営者保証に依存しない融資慣行の確立に向けた取組み

新しい経営者保証の基本的な考え方とは？

| Answer |

　金融庁は、経営者保証に依存しない融資慣行の確立を加速させるために、2022年12月に「総合的な監督指針」等の一部改正（以下、「改正監督指針」という）を行いました（**Q4** 参照）。この改正により金融機関は、2023年4月からの新規融資に際して経営者に個人保証を求める場合は、その理由の説明と記録等が必要となりました。

　今、「長年の慣行だから経営者保証を取らなければ融資できない」という発想から、「経営者保証なしで融資できるよう、取引先と一緒に取り組もう」という発想への転換が求められています。

1 経営者保証を制限しているのではない

　新聞や雑誌等では、"経営者保証がなくなる"といった論調で書かれているものもありますが、そうではありません。経営者保証に関する監督指針改正のパブリックコメントで、金融庁は、「今回の改正案は、金融機関が個人保証契約を締結する場合に、**保証契約の必要性等に関し、事業者に対して詳細な説明を求めるものであり、個人保証そのものを制限する趣旨ではありません**」という考え方を示しています（「コメントの概要及びコメントに対する金融庁の考え方」（以下、「コメントに対する金融庁の考え方」という）No.4）。

　また、「経営者保証改革プログラム」（**Q3** 参照）に関する事業者向けのパンフレットには、「今回の監督指針の改正は経営者保証を制限する趣旨ではありません。そのため**個人保証の要否については、引き続き各金融機関の判断によります**」との記述があります。

このように新しい経営者保証の考え方においても、経営者保証そのものを制限するのではなく、最終的な判断は金融機関に委ねられています。

2 金融庁に報告する必要があるから説明するのではない

新しい経営者保証を進めるにあたっては、確かに、金融庁に経営者保証専用相談窓口が設置され、事業者等から「金融機関から経営者保証に関する適切な説明がない」といった場合の相談を受け付けています。また、経営者保証を徴求した融資のうち、適切な説明をし、その結果等を記録した件数を金融庁に報告することで、金融機関の対応を検証するのは事実です。しかし、金融庁への報告の必要があるから、取引先に経営者保証の説明をするわけではありません。

利用者への説明をしっかりと行うことは、現代の経済社会では当たり前のことです。経営者保証を締結する際に、「なぜ保証が必要なのか」を詳細に説明するのは当然であり、新しい経営者保証では、当たり前のことを当たり前に行うだけなのです。

3 経営者とともに経営者保証なしで融資できる会社を目指す

融資に経営者保証をつけている中小企業の多くは、経営者個人の資産と同じくらい、または個人資産を上回る保証を取っています。それゆえに、経営者保証による精神的負担が経営者にとって最大の弊害となっています。金融機関側からみれば、融資をする際に経営者保証を取り受けるのは当然だと思っていても、経営者の立場からすると相当の負担に感じている、このミスマッチも経営者保証の大きな問題だと考えられます。

一方で、個人と経営の分離が進んでいない中小零細企業に対して、経

営者保証をつけて、融資による安定的な資金繰りを行うことも金融機関の使命です。

　経営者保証を締結する時に、「どの部分が十分ではないために保証契約が必要となるのか」「どのような改善を図れば保証契約の変更・解除の可能性が高まるか」の詳細な説明と対話を通じて、経営者とコミュニケーションをとり、お互いの信頼関係を高め、『一緒に「経営者保証に関するガイドライン」が適用される会社、すなわち経営者保証なしで融資が受けられる会社を目指しませんか？』というスタンスで、金融機関が取引先のガバナンスや財務改善に真摯に取り組むことによって、経営者保証なしで融資できる会社に成長させることが、新しい経営者保証の基本的な考え方なのです。

Q2 経営者保証の現状と脱経営者保証を進める理由とは?

| Answer |

　これまでは、中小企業等に対して金融機関が融資を行う際に、経営者の個人保証を取ることが融資慣行となっていました。確かに、経営者保証は、融資先への信用補完と中小企業経営者に対する経営の規律づけになっていますが、一方で、経営者にとっては、精神的、財務的に負担となるものです。また、経営者保証は、創業や事業承継の足かせになっているとの批判もあります。

　そのため、中小企業に対する経営者保証を見直す動きが出てきて、2022年12月には、金融庁、経済産業省、財務省の連携のもと、「経営者保証改革プログラム」(**Q3**参照)が策定され、金融庁は監督指針を改正し、経営者保証は大きな転換期を迎えることになりました。

1 経営者保証の現状

　「経営者保証に関するガイドライン」(以下、「ガイドライン」という)は、2013年12月5日に、全国銀行協会と日本商工会議所を事務局とする「経営者保証に関するガイドライン研究会」が策定・公表したものです(**Q8**参照)。

　中小企業の経営者による個人保証には、資金調達の円滑化に寄与する面がある一方、経営者による思い切った事業展開や、保証後において経営が窮境に陥った場合における早期の事業再生を阻害する要因となっている等、中小企業の活力を阻害する面もあります。個人保証の契約時および保証債務の整理時等において様々な課題が存在しており、それらの課題に対する解決策の方向性が取りまとめられました。

金融庁は、金融機関によるガイドラインの積極的な活用に向けた取組みを促し、ガイドラインの更なる活用促進を図るため、民間金融機関における活用実績を取りまとめて公表しています（**図1**）。

図1　民間金融機関における「経営者保証に関するガイドライン」の活用実績

新規融資に占める経営者保証に依存しない融資の割合の推移

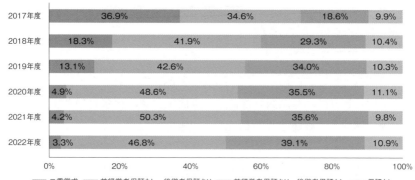

代表者交代時の保証徴求割合の推移

（注）上記は前経営者が保証を提供している先について代表者交代手続きが行われた場合の件数割合を記載。

（出所）金融庁「民間金融機関における『経営者保証に関するガイドライン』の活用実績（グラフ）」
（2023年6月30日）より作成

　2023年6月30日の統計データによると、新規融資件数に占める、経営者保証に依存しない融資の割合は、16.5％（2017年度）、19.2％（2018年度）、21.6％（2019年度）、27.3％（2020年度）、30.1％（2021年度）、33.2％（2022

年度）と年々増え続けています。

　全体ではこのようになっていますが、金融機関ごとにみると、大きな
ばらつきがあります。全国の地域金融機関では、新規融資で経営者保証
を求めなかった比率が86.81％の北國銀行（令和4年10月〜令和5年3月
末）の事例もある一方、低い銀行も多くあります。また、特に、協同組織
金融機関である信用金庫・信用組合では、経営者保証のない融資につい
ては消極的な立場を取ってきました。

　次に、政府系金融機関と信用保証協会についてもみてみましょう。政
府系金融機関は、2022年度には52％となっており、信用保証協会平均の
28％、金融機関平均の33％を大きく上回っています。経営者保証に依存
しない融資は、政府系金融機関が大きく牽引していることがわかります
（**図2**）。

図2　経営者保証に依存しない新規融資の割合

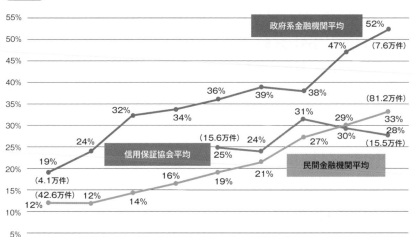

（出所）中小企業庁ウェブサイト「経営者保証」より作成

2 経営者保証の功罪と脱経営者保証を進める理由

　経営者保証とは、債務者が金融機関から融資を受ける際に、経営者が連帯保証人となることで、債務者が倒産・破綻して融資の返済ができなくなったときには、連帯保証人である経営者が自ら経営する会社に代わって債務返済の義務を負うものです。これは、間接金融が中心で中小企業の数も多く、資金需要が活発だった戦後からの高度経済成長期に融資慣行となったものです。

(1) 経営者保証のメリット

　経営者保証の金融機関としてのメリットは、大きく2つあるといわれています。
　1つ目は、中小企業は一般的に財務基盤や収益力が弱いため、経営者の所有資産等が融資に対する信用補完となることです。
　2つ目は、経営に対する規律づけです。中小企業はオーナー企業が多く、ガバナンスが経営課題となっており、経営者の独断専行と暴走により経営状況が悪化しても責任を取らないという事態を、経営者保証を取ることで回避する意図があります。高度経済成長期には、経営者保証は、中小企業の資金の円滑化に大きく寄与してきました。

(2) 経営者保証の弊害

　一方で、経営者保証の弊害として挙げられるのが、**起業・創業や事業承継、抜本的な企業再生を阻害している**という点です。経営者保証をしている経営者が経営に失敗すれば、自身の資産を失ない、経済的に破綻します。一度破綻してしまうと、わが国では再生する可能性はほとんど

なくなるというのが実態です。そのため、経営者は、リスクの大きい事業やイノベーションへのチャレンジを積極的にしなくなります。また、先代からの事業承継時においては、経営者保証も引き継がれることで、後継者はその承継を躊躇してしまいます。

　このように経営者保証は、企業活動の活性化と新陳代謝を阻害する大きな要因となっています。

　こうして、金融機関におけるメリットと経済社会における経済発展阻害要因とを比較検討すると、我が国においては、脱経営者保証を進めることが重要であると判断され、脱経営者保証に舵を切ることになりました。

　ただ、ここで注意が必要なのは、経営者保証を取ることが禁止されるわけではないことです。債務者の状況によっては、経営者保証は必要ですし、経営者本人から、規律づけのために経営者保証を申し出るケースもあります。

　また、業況が悪い企業や、条件変更等の金融支援をしている先についても、経営者保証が必要となるでしょう。金融機関が説明責任を果たすことと、経営者保証が不要となる会社を一緒に目指す取組みが何よりも重要であることを、忘れないようにしましょう。

「経営者保証改革プログラム」とは?

| Answer |

　「経営者保証改革プログラム」とは、金融庁・経済産業省・財務省の連携の下で策定した、経営者保証に依存しない融資慣行の確立を更に加速させるため、以下の4分野に重点的に取り組むプログラムです。

⑴スタートアップ・創業

⑵民間金融機関による融資

⑶信用保証付融資

⑷中小企業のガバナンス

　改正監督指針において、金融機関に大きく関わるのが、⑵民間金融機関による融資の部分です。

　主な施策として、①金融機関が個人保証を徴求する手続きに対する監督強化、②経営者保証に依存しない新たな融資慣行の確立に向けた意識改革（取組方針の公表促進、現場への周知徹底）をすることで、安易な個人保証に依存した融資を抑制するとともに、事業者・保証人の納得感を向上させること等を目的としています。

1　「経営者保証改革プログラム」とは

　金融庁・経済産業省・財務省においては、2022年12月23日に、個人保証に依存しない融資慣行の確立に向けて、「経営者保証改革プログラム」を策定し、公表しました。具体的内容は、⑴スタートアップ・創業、⑵民間金融機関による融資、⑶信用保証付融資、⑷中小企業のガバナンスの4分野に分かれています。

　そしてその内容について、**金融機関の経営トップから、現場の営業担当者等を含めた金融機関全体に周知・徹底するようお願いしています。**

(1) スタートアップ・創業
~経営者保証を徴求しないスタートアップ・創業融資の促進~

　スタートアップ・創業では、創業時の融資において経営者保証を求める慣行が創業意欲の阻害要因となっている可能性を踏まえて、**起業家が経営者保証を提供せず資金調達が可能となる道を拓くよう、経営者保証を徴求しないスタートアップ・創業融資を促進する内容**となっています。

　主な施策は、次の4点です。

①スタートアップの創業から5年以内の者に対する経営者保証を徴求しない新しい信用保証制度の創設（保証割合100％、保証上限額3,500万円、無担保）

②日本政策金融公庫等における、創業から5年以内の者に対する経営者保証を求めない制度の要件緩和

③商工中央金庫のスタートアップ向け融資における、経営者保証の原則廃止

④民間金融機関に対し、経営者保証を徴求しないスタートアップ向け融資を促進する旨を要請

(2) 民間金融機関による融資 ~保証徴求手続の厳格化、意識改革~

　監督指針の改正を行い、保証を徴求する際の手続きを厳格化することで、安易な個人保証に依存した融資を抑制するとともに、事業者・保証人の納得感を向上させます。また、金融機関に対する「経営者保証ガイドラインの浸透・定着に向けた取組方針」の作成、公表の要請等を通じ、経営者保証に依存しない新たな融資慣行の確立に向けた意識改革を進めます。

　主な施策は、次の3点です。

①金融機関が個人保証を徴求する手続きに対する監督強化

　イ．金融機関が経営者等と個人保証契約を締結する場合には、保証

契約の必要性等に関し、事業者・保証人に対して個別具体的に以下の説明をすることを求めるとともに、その結果等を記録することを求める〈2023 年 4 月〜〉。

    ▶どの部分が十分ではないために保証契約が必要となるのか

    ▶どのような改善を図れば保証契約の変更・解除の可能性が高まるか

ロ．金融機関に対して、イの結果等を記録した件数を金融庁に報告することを求める〈2023 年 9 月期実績報告分より〉。

    ▶「無保証融資件数」＋「有保証融資で、適切な説明を行い、記録した件数」=100％を目指す。

ハ．金融庁に経営者保証専用相談窓口を設置し、事業者等から「金融機関から経営者保証に関する適切な説明がない」等の相談を受け付ける〈2023 年 4 月〜〉。

ニ．状況に応じて、金融機関に対して特別ヒアリングを実施。

②経営者保証に依存しない新たな融資慣行の確立に向けた意識改革（取組方針の公表促進、現場への周知徹底）

イ．金融機関に対し、「経営者保証に関するガイドラインを浸透・定着させるための取組方針」を経営トップを交え検討・作成し、公表するよう金融担当大臣より要請。

ロ．地域金融機関の営業現場の担当者も含め、監督指針改正に伴う新しい運用や経営者保証に依存しない融資慣行の確立の重要性等を十分に理解してもらうべく、金融機関・事業者向けの説明会を全国で実施。

ハ．金融機関の有効な取組みを取りまとめた「組織的事例集」の更なる拡充および横展開を実施。

③経営者保証に依存しない新たな融資手法の検討（事業成長担保権（仮））

・金融機関が、不動産担保や経営者保証に過度に依存せず、企業の事業性に着目した融資に取り組みやすくするよう、事業全体を担保に

金融機関から資金を調達できる制度の早期実現に向けた議論を進めていく。

(3) 信用保証付融資
〜経営者保証の提供を選択できる環境の整備(希望しない経営者保証の縮小)〜

　信用保証協会では、ガイドラインの要件（①法人・個人の資産分離、②財務基盤の強化、③経営の透明性確保、（**Q9** 参照））を満たしていれば、経営者保証を解除する現在の取組みを徹底することとしています。その上で、ガイドラインの要件のすべてを充足していない場合でも、経営者保証の機能を代替する手法（保証料の上乗せ、流動資産担保）を用いることで、経営者保証の解除を事業者が選択できる制度が創設されます。

　また、**中小企業金融全体における経営者保証に依存しない融資慣行の確立に道筋をつけるため、信用保証制度で一歩前に出た取組みが行われます**。具体的な施策としては、次の２つです。

①信用保証制度における経営者保証の提供を事業者が選択できる環境の整備

　イ．経営者の取組次第で達成可能な要件（法人から代表者への貸付等がないこと、決算書類等を金融機関に定期的に提出していること等）を充足すれば、保証料の上乗せ負担（事業者の経営状態に応じて上乗せ負担は変動）により経営者保証の解除を選択できる信用保証制度を創設。

　ロ．流動資産（売掛債権、棚卸資産）を担保とする融資（ABL）に対する信用保証制度において、経営者保証の徴求を 2024 年４月から廃止。

　ハ．信用収縮の防止や民間における取組浸透を目的に、プロパー融資における経営者保証の解除等を条件に、プロパー融資の一部に限り、借換えを例外的に認める保証制度（プロパー借換保証）を時限的に創設。

ニ．上記施策の効果検証を踏まえた、更なる取組拡大を順次検討する。

　②ガイドラインの要件を充足する場合の経営者保証解除の徹底

　　イ．金融機関に対し、信用保証付融資を行う場合には、経営者保証を解除することができる現行制度の活用を検討するよう経済産業大臣・金融担当大臣から要請。

　　ロ．保証付融資が原則として経営者保証が必要であるかのような誤解が生じない広報の展開。

(4) 中小企業のガバナンス
～ガバナンス体制の整備を通じた持続的な企業価値向上の実現～

　経営者保証解除の前提となる、ガバナンスに関する中小企業経営者と支援機関の目線合わせを図るとともに、支援機関向けの実務指針の策定や中小企業活性化協議会の機能強化を行い、官民による支援態勢を構築するとしています。

　①ガバナンス体制整備に関する経営者と支援機関の目線合わせのチェックシートの作成

　②中小企業の収益力改善やガバナンス体制整備支援等に関する実務指針の策定。収益力改善やガバナンス体制の整備を目的とする支援策（経営改善計画策定支援・早期経営改善計画策定支援）における支援機関の遵守促進

　③中小企業活性化協議会における収益力改善支援にガバナンス体制整備支援を追加し、それに対応するため体制を拡充

　この「経営者保証改革プログラム」を読めば、国が経営者保証という慣行のない社会を作ろうとしている本気度がうかがえます。

　しかし、金融庁は、改正監督指針については、金融機関が個人保証契約を締結する場合に、保証契約の必要性等に関し、事業者に対して詳細

な説明を求めるものであり、個人保証そのものを制限する趣旨ではなく、引き続き、個人保証徴求の要否については、各金融機関において判断する事項と考えているとの見解を示しています。

　また、金融庁は、**地域金融機関には不動産担保や個人保証に過度に依存せず、企業の事業性に着目した取組みにより、金融仲介機能を発揮することが重要**と考えているため、金融機関の与信活動に影響を与えないよう、本改正の趣旨等をしっかりと伝えていくとしています。この点も十分に理解した上で、脱経営者保証を進めることが重要です。

2 「経営者保証改革プログラム」に関する事業者向けパンフレット

　「経営者保証改革プログラム」は、金融機関が経営者保証を徴求する際の手続きを厳格化することで、安易な個人保証に依存した融資を抑制するとともに、事業者・保証人の納得感を向上させるための施策等が盛り込まれています。経営者保証に依存しない融資慣行の確立には、経営者・事業者の理解・浸透も不可欠であることから、経営者・事業者にも広く知ってもらう必要があります。

　そのため金融庁は、経営者・事業者が理解できるように「経営者保証改革プログラム」に関する事業者向けパンフレットを作成しています。

　このパンフレットは、事業者向けにとてもよくまとめられており、金融機関担当者もこれを読むことで、事業者の目線からも経営者保証について理解できます。

■事業の皆様へ「経営者保証改革プログラム」
https://www.fsa.go.jp/common/about/
keieishahoshoukaikakuprogram.pdf

2022年12月の監督指針改正によって経営者保証の何が変わる？

| Answer |

　2022年12月の監督指針改正の一番のポイントは、金融庁が、「融資先企業に対して融資を行う際に経営者保証を徴求する理由を、経営者に具体的に説明し、それを記録に残すこと」を各金融機関に求めた点です。新規融資の際、「長年の融資慣行だから」と合理的な理由なしに経営者保証を求めることはやめて、経営者保証が必要な場合は、経営者に対してその理由をきちんと説明すること、そして説明した記録を残し、その件数を金融庁に報告することを求めています。

1　2022年12月の監督指針改正の背景

　経営者保証には、経営の規律づけに寄与するという一面はありますが、起業・創業や事業承継、事業再生を妨げるという面もあります（**Q2** 参照）。こうした状況を改善したくても、金融機関の自主性に任せるだけではなかなか進みません。そこで、経営者保証に依存しない融資慣行の確立を加速させるため、経営者保証に関する監督指針の改正が行われました。

2　2022年12月の監督指針改正の内容

(1)　契約時点における説明の具体的内容の定義およびその説明結果を、書面または電磁的方法で記録することが義務化

　個人保証契約については、保証債務を負担するという意思を形成するだけでなく、その保証債務が実行されることによって、自らが責任を負担

することを受容する意思を形成するに足る説明を行うことになりました。

　例えば、実際に保証債務を履行せざるを得ない事態を想定した説明、すなわち保証契約の形式的な内容にとどまらず、保証の法的効果とリスクについての最悪のシナリオの説明を行ったかがチェックされます。

　また、保証人に対してこうした説明を行ったことを確認し、その結果等を書面または電子的方法で記録することが義務づけられました。

　そして、経営者等との間で保証契約を締結する場合には、ガイドラインに基づき、ガイドライン第4項(2)に掲げられている要素（**Q14** 参照）において、「どの部分が十分ではないために保証契約が必要となるのか」「どのような改善を図れば保証契約の変更・解除の可能性が高まるか」の具体的内容について、取引先の状況に応じた内容を説明し、その際、可能な限り、資産・収益力については定量的、その他の要素については客観的・具体的な目線を示すことが望ましいとされました。

(2)　契約締結の客観的合理的理由の説明の態勢を整備

　企業から経営者保証に関する説明を求められたときは、事後の紛争等を未然に防止するため、契約締結の客観的合理的理由についても、顧客の知識、経験等に応じ、その理解と納得が得られる説明態勢を整備することとされました。

　保証契約検証に関しては、保証契約を締結する場合において、前述(1)の内容について説明する態勢となっているか、および、その結果等を書面または電子的方法で記録する態勢整備が求められます。

(3)　金融機関の取組方針を公表

　経営者保証に関し、ガイドラインの趣旨や内容を十分に踏まえた適切な対応を行うことにより、ガイドラインを融資慣行として浸透・定着等さ

せるための金融機関の取組方針を公表することが望ましいとされました。

⑷　行職員への周知徹底

　経営者保証の契約時の対応として、①前記取引先への説明、②社内規定やマニュアルにおける契約書の整備、③本部による営業店支援態勢の整備およびその結果等を書面または電子的方法で記録する態勢の3点について、行職員への周知徹底が求められています。

⑸　監督手法・対応においてヒアリングの実施と必要に応じた報告体制の確認

　監督手法・対応においてヒアリングの実施と必要に応じた報告体制の確認において、金融庁は、各種ヒアリングの機会等を通じ、ガイドラインを融資慣行として浸透・定着させるための取組方針等を公表するよう金融機関に促していくとしています。

　さらに、監督上の対応として、内部管理態勢の実効性等に疑義が生じた場合には、必要に応じ、報告（銀行法24条に基づく報告を含む）を求めて検証し、金融機関に業務運営の適切性、健全性に問題があると認められる場合には同条に基づく報告を求め、重大な問題があると認められる場合には、同法26条に基づく業務改善計画の提出を求めることができます。

経営者保証そのものを 制限する趣旨ではない？

| Answer |

　改正監督指針は、経営者保証そのものを制限する趣旨ではありません。保証契約の必要性に関し、ガイドラインに則って、経営者にきちんと説明することを求めているだけです。

1　改正監督指針の最大のポイント

　Q4に前述のとおり、改正監督指針の最大のポイントは、金融庁が、「融資先企業に対して、融資を行う際に経営者保証を徴求する理由を、経営者に具体的に説明し、それを記録に残すこと」を各金融機関に求めた点です。これにより、金融機関が経営者保証を求める際の手続きが厳格化されましたが、安易に経営者保証に依存する慣行が抑制されるとともに、経営者にとっても納得のいくものになります。

2　融資の本来の考え方

　改正監督指針は、金融機関に対して、経営者保証を取ることを一律的に一切なくすということを求めているわけではありません。経営者保証を取らないことを検討するための３要件（**Q9**参照）が満たされていない場合は、金融機関としても経営者保証を取らざるを得ない場合もあります。しかし、**融資は本来、不動産担保や経営者保証に過度に依存するものではなく、企業の事業性と財務状況等をしっかりと見極めて実行する**

ものです。

　改正監督指針は、金融機関が本来の融資の基本に戻ることを促しており、これは、金融機関にとって、現代の融資を考えるにあたって好ましいものです。したがって、監督指針の改正を否定的に捉えるのではなく、経営者保証に過度に依存しない融資に能動的に取組むという姿勢が重要です。同時に、融資先企業が経営者保証なしで融資ができる企業になれるよう、一緒に歩むことが最も重要といえるでしょう。

Q6 経営者保証ホットライン って何?

| Answer |

　金融庁では、「経営者保証改革プログラム」（**Q3** 参照）を受けて、2023年4月1日より、金融機関が経営者等と個人保証契約を締結する場合には、保証契約の必要性等に関し、事業者・保証人に対して詳細な説明を行うよう、監督指針を改正しました。

　金融庁は、この改正監督指針に伴って、経営者保証に関する実際の声を聞く窓口として、「経営者保証ホットライン」を設置しました。ホットラインに寄せられた情報等は金融機関にフィードバックする等、金融庁の金融機関への検査・監督に活用されます。

1 経営者保証ホットラインとは

　「経営者保証改革プログラム」では、金融庁に経営者保証に関する相談窓口である、経営者保証ホットラインの設置が発表されました。

　改正監督指針では、保証契約を締結する際に保証契約の必要性等について、事業者や保証人により詳細に説明すること（なぜ保証契約が必要なのか、どうすれば保証契約の変更・解除の可能性が高まるか）を金融機関に求めています。

　そして、「金融機関から経営者保証の必要性等に関する詳細な説明がなかった」「経営者保証を徴求することに適切な説明がなかった」「金融機関に保証の解除をお願いしても真剣に聞いてくれない」等、金融庁が経営者保証に関する実際の声を電話により聞く窓口として、経営者保証ホットラインが設置されました。

**　寄せられた情報等は金融機関にフィードバックされる等、金融庁の金**

融機関への検査・監督に活用されます。これにより、経営者保証に依存しない融資慣行の確立に向けた進展が期待されます。

　金融機関は、経営者保証に関する説明をしっかりと行い、ホットラインに駆け込まれないよう、丁寧な対応を心かけることが必要となります。

2　経営者保証ホットラインの内容

名　称	経営者保証ホットライン(情報提供窓口)
開設日	令和5年4月3日
受付時間	平日10時00分〜17時00分
電話番号	0570-067755(ナビダイヤルでの受付)
	※IP電話からは03-5251-7755
受付内容	民間金融機関の経営者保証に関する情報等

　　　　　　(例)「金融機関から経営者保証に関する適切な説明がない」
　　　　　　　　「金融機関に保証の解除をお願いしても真剣に聞いてくれない」
　　　　　　　　「経営者保証なしの融資を申込んだが、金融機関からの適切な説明がなく経営者保証を求められた」
　　　　　　　　「なぜ保証契約が必要なのか、どうすれば保証契約の変更・解除の可能性が高まるかの詳細な説明がなかった」
　　　　　　　　「金融機関から貸し渋りや貸し剥がしの対応を受けた」
　　　　　　　　「貸し渋りや貸し剥がしの対応など誤解を生じさせる発言が金融機関からあった」等

留意事項　・ホットラインの利用者と金融機関との間の個別トラブルについては、話を聞いた上で、他機関の紹介や論点の整理などのアドバイスは行うが、あっせん・仲介・調停を行うことはできない。
　　　　　　・ホットラインへの情報等の提供は、電話のみにて受け付ける。

問合せ先　金融庁　Tel 03-3506-6000(代表)
　　　　　　監督局総務課監督調査室(内線3313・3314)
　　　　　　総合政策局総合政策課金融サービス利用者相談室

Q7 作成した説明記録を当局に提出する可能性がある？

| Answer |

　作成した説明記録そのものを当局に提出する必要はありません。「経営者保証改革プログラム」では、2023年9月期 実績報告分より、説明の結果等を記録した件数を、金融庁に報告することとなっています。

　経営者保証ホットラインからの情報や苦情の多さ等、状況に応じて、金融機関に対して特別ヒアリングを実施するケースもあり、その時には、説明記録を当局に提出する可能性がありますから、正確な説明状況を記録しておく必要があります。

1 金融機関が個人保証を徴求する手続きに対する監督強化

　「経営者保証改革プログラム」では、金融機関が個人保証を徴求する手続きに対する監督強化について、主に、次のような施策を行うことが明記されています。

　イ．金融機関が経営者等と個人保証契約を締結する場合には、保証契約の必要性等に関し、**事業者・保証人に対して、個別具体的に以下の説明をすることを求めるとともに、その結果等を記録することを求める**〈2023年4月～〉

　　▶どの部分が十分ではないために保証契約が必要となるのか

　　▶どのような改善を図れば保証契約の変更・解除の可能性が高まるか

　ロ．**イの結果等を記録した件数を、金融庁に報告することを求める**〈2023年9月期実績報告分より〉

　　▶「無保証融資件数」＋「有保証融資で、適切な説明を行い、記録した件数」＝100％を目指す

ハ．金融庁に経営者保証専用相談窓口を設置し、事業者等から「金融機関から経営者保証に関する適切な説明がない」等の相談を受け付ける〈2023年4月～〉

ニ．状況に応じて、金融機関に対して特別ヒアリングを実施

2 説明の結果の記録と件数報告

　説明記録の内容については、少なくとも「どの部分が十分ではないために保証契約が必要となるのか」「どのような改善を図れば保証契約の変更・解除の可能性が高まるか」について詳細な記録が求められます。しかし、金融庁への報告に関しては、その説明記録そのものを報告するのではなく、その結果等を記録した件数の報告が求められています。これは、2023年9月期実績報告分からです。したがって、営業店は説明記録を本部に送り、本部で取りまとめた件数を金融庁に報告することになります。

　また、**件数の報告に際しては、目標として、「無保証融資件数」＋「有保証融資で、適切な説明を行い、記録した件数」＝100％を目指す**とされていますから、これを意識した対応が求められます。

3 金融機関に対する特別ヒアリング

　今後、ホットラインに経営者や事業者から「金融機関から経営者保証に関する適切な説明がない」などの相談があった場合、金融庁としては調査をせざるを得ません。状況に応じ、金融機関に対して特別ヒアリングを実施することになります。また、ホットラインに寄せられた情報等は金融機関にフィードバックされ、検査・監督にも活用されますので、その際には説明記録の提出を求められることになります。

そもそも「経営者保証に関するガイドライン」とは?

| Answer |

　経営者保証は、経営への規律づけや中小企業資金調達の円滑化に資するものであり、金融機関は、長年の融資慣行として徴求してきました。一方で、経済社会が成熟化するにつれ、経営者保証が経営者による思い切った事業展開や早期の事業再生、円滑な事業承継を妨げる要因となってきました。

　この課題の解決策として、2013年12月5日に公表されたのが「経営者保証に関するガイドライン」です。全国銀行協会と日本商工会議所を事務局とする「経営者保証に関するガイドライン研究会」により策定され、2014年2月1日に適用が開始されています。このガイドラインは、中小企業、経営者、金融機関共通の自主的なルールと位置づけられており、法的な拘束力はありませんが、関係者が自発的に尊重し、遵守することが期待されています。当然ながら、経営者保証を徴求する・しない、解除する・しないの最終的な判断は、各金融機関にゆだねられます。

1 合理的な保証契約のあり方

　「経営者保証に関するガイドライン」は、中小企業への融資について、合理的な保証契約のあり方を示しています。

　すなわち金融機関は、融資先が将来にわたって下記①から⑤のような要件が充足すると見込まれる場合には、経営者保証のない融資の可能性や、経営者保証を代替する融資手法（停止条件または解除条件付保証契約、ABL、金利の一定の上乗せ等）の活用を検討するというものです。

> ①融資を受ける中小企業とその保証人である経営者個人の資産・経理が明確に分離されていること

②法人と経営者との間の資金のやりとりが、社会通念上適切な範囲を
　超えないこと

③法人のみの資産・収益力で借入返済が可能と判断し得ること

④法人から適時適切に財務情報が提供されていること

⑤経営者等から十分な物的担保の提供があること

　そして**金融機関は、やむを得ず経営者保証を求める場合には、保証契
約の可能性等について丁寧かつ具体的に説明する**こととし、また保証金
額を形式的に融資額と同額とするのではなく、保証人の資産・収入状況
や主債務者の信用状況等を総合的に勘案して、設定を検討します。

2 保証履行時の保証債務の整理手続

　1に加え、ガイドラインでは、保証履行時の保証債務の整理手続や経
営者の経営責任の在り方、残存資産の範囲についてのルールを示してい
ます。

①保証履行時の保証債務の整理手続

　原則として、法的債務整理手続（＊1）は行わず、中小企業の主債務
と経営者個人の保証債務を準則型私的整理手続（＊2）により一体整理
すること。主債務について、法的債務整理が行われる場合であっても、
保証債務の整理にあたっては、原則として準則型私的整理手続を利用
すること。

　＊1　破産手続、民事再生手続、会社更生手続もしくは特別清算手続。
　＊2　中小企業再生支援協議会による再生支援スキーム、事業再生ＡＤＲ、私的整理
　　　　ガイドライン、特定調停等利害関係のない中立かつ公正な第三者が関与する私
　　　　的整理手続およびこれに準ずる手続き。

②経営者の経営責任の在り方

　金融機関は、保証履行時の保証債務の整理手続の場合において、一
律に経営者交代は求めず、経営者が引き続き経営に携わることに経済

合理性が認められる場合には、これを許容すること。

③残存資産の範囲

　金融機関は、保証債務の履行にあたり、保証人に一定の生活費等（従来の自由資産99万円に加え、年齢等に応じて100万円から360万円）を残すことや、華美でない自宅等に住み続けられるよう検討すること。

④その他

・金融機関は、一定の要件（保証人が自らの資力に関する情報を誠実に開示し、開示した情報の内容の正確性について表明保証し、表明保証した資力が事実に反した場合には、追加弁済する旨の契約を締結する等）が充足された場合には、保証債務の一部履行後に残存する保証債務の免除に、誠実に対応すること。

・金融機関は、ガイドラインによる債務整理を行った保証人の情報を信用情報登録機関に報告・登録しないこと。

3　経営者保証の対象

　ガイドラインにおける経営者とは、中小企業・小規模事業者等の代表者をいいますが、**実質的な経営権を有している者、営業許可名義人、経営者とともに事業に従事する当該経営者の配偶者、経営者の健康上の理由のため保証人となる事業承継予定者等も含まれます**。

　また、ガイドラインの主たる対象は中小企業・小規模事業者ですが、必ずしも中小企業基本法に定める中小企業者・小規模事業者に該当する法人に限定しておらず、その範囲を超える企業等も対象になり、個人事業主についても対象に含まれます。

経営者保証を取らない 3要件とは?

| Answer |

　ガイドラインにおいて、経営者保証を取らない3要件(以下、「3要件」という)とは、以下の内容です。

(1)資産の所有やお金のやりとりに関して、法人と経営者が明確に区分・分離されていること

(2)財務基盤が強化されており、法人のみの資産や収益力で返済が可能であること

(3)金融機関に対し、適時適切に財務情報が開示されていること

　内部または外部からのガバナンス強化により、3要件を将来にわたって充足する体制が整備されていることが必要です。また、3要件のすべてまたは一部を満たせば、事業者は、経営者保証なしで融資を受けられる可能性があり、すでに提供されている経営者保証を見直すことができる可能性があります。

　金融機関は、要件の充足度合いに応じて、経営者保証を求めないことや保証機能の代替手法の活用を検討することになります。

1 法人と経営者との関係の明確な区分・分離

　Answer記載の(1)について、「法人と経営者が明確に区分・分離されている」とは、具体的にどのような状況のことをいうのでしょうか。その例を列挙します。

☑ 経営者が法人の事業活動に必要な本社・工場・営業車等の資産を有していない。

　　なお、事業資産の所有者が決算書で説明できない場合、所有資産明細書等を添付。経営者が有している場合、適切な賃料が支払われているか

賃貸借契約書等を添付。

☑ 法人から経営者等への資金流用、事業上の必要が認められない資金の流れ（貸付金、未収入金、仮払金等）がない。

　　貸付金等がある場合、一定期間での解消意向を説明するため、金銭消費貸借契約書、借用書等の契約書類を添付。

☑ 法人と経営者の間の資金のやり取りが社会通念上適切な範囲を超えていない。

　　具体的には、①役員報酬や配当、交際費等が法人の規模、収益力に照らして過大ではないこと、②経営者やオーナー一族への資金流出・意図的な資産のシフトはしていないこと。

☑ 経営者は、役員報酬について、事業者の業況が継続的に悪化し、借入金の返済に影響が及ぶ場合、自らの報酬を減額する等の対応を行う方針にあり、それを確認できる。

☑ 経営者が、事業上の必要が認められない経営者個人として消費した費用（個人の飲食代等）を法人の経費処理としていないことを確認できる。

2 財務基盤の強化

Answer記載の(2)について、「財務基盤が強化されて」いるとは、具体的にどのような状況のことをいうのでしょうか。その例を列挙します。

☑ 債務償還力として、EBITDA 有利子負債倍率が 10 〜 15 倍以内である。

$$\text{EBITDA有利子負債倍率} = \frac{（借入金・社債 - 現預金）}{（営業利益 + 減価償却費）}$$

☑ 安定的な収益性として、減価償却前経常利益が 2 期連続赤字でない。

☑ 資本の健全性として、純資産額の直近が資産超過である。

☑ 正常先の 3 要件に該当する。

　　正常先の 3 要件とは、①経常利益が黒字であること、②債務超過でな

いこと、③債務償還年数が 10 ～ 15 年以内であること（ただし、業種によって異なるケースがあるので注意）。

（参考）債務償還年数の算出方法

$$債務償還年数 = \frac{借入金（長期借入金＋短期借入金等）- 正常運転資金^{*}}{キャッシュフロー（当期純利益＋減価償却費）}$$

＊正常運転資金＝（受取手形＋売掛金＋棚卸資産）－（支払手形＋買掛金）

☑ 当面の資金繰りに資金不足が生じていないことが、資金繰り表により確認できる。

☑ 法人のみの資産・収益力で借入返済が可能と判断し得る。

　・法人の業績が堅調で十分な利益（キャッシュフロー）を確保している

　・内部留保が十分にある

3 　**財務状況の正確な把握、適時適切な情報開示等による経営の透明性確保**

　Answer記載の(3)について、「金融機関に対し、適時適切に財務情報が開示されている」とは、具体的にどのような状況のことをいうのでしょうか、その例を列挙します。

☑ 税務署に申告した財務情報と同一の情報が金融機関に適切に開示されている。

　税務署受付印が押印されている、または電子申告の確認資料（受付結果（受信通知）等）が添付されている。

☑ 金融機関からの求めに応じて財務情報を適時適切に提供できる体制が整っており、継続的に提供する意思がある。

☑ TKC モニタリング情報サービスの利用により、決算書・試算表等を提供している。

☑ 試算表と合わせて資金繰り表を提出し、金融機関に財務情報を提供する

体制が整っている。

☑ 取締役会の適切な開催や、会計参与の設置、監査体制の確立等による社内管理体制の整備状況を説明できる。

☑ 経営者へのアクセスとして、必要なタイミングまたは定期的に経営状況等について内容が確認できるなど、経営者とのコミュニケーションに支障がない。

☑ 情報開示として、経営者は、決算書、各勘定明細（資産・負債明細、売上原価・販管費明細等）を作成しており、金融機関はそれらを確認できる。

☑ 内容の正確性として、経営者は日々現預金の出入りを管理し、動きを把握している。

　　例えば、終業時に金庫やレジの現金と記帳残高が一致するなど収支を確認しており、金融機関は経営者の取組みを確認できる。

☑ 金融機関は、直近3年間の貸借対照表の売掛債権、棚卸資産の増減が売上高等の動きと比べて不自然な点がないことや、勘定明細にも長期滞留しているものがないことを確認できる。

☑ 経営者は、会計方針が適切であるかどうかについて、例えば、「「中小企業の会計に関する基本要領」の適用に関するチェックリスト」「税理士法第33条の2に基づく添付書面」等を活用することで確認した上で、会計処理の適切性向上に努めており、金融機関はそれを確認できる。

Q10 3要件を満たしたら経営者保証を外さなければならない？

Answer

　ガイドラインは、3要件（**Q9**参照）を満たし、将来にわたってそれらが充足すると見込まれる場合に、経営者保証の解除を検討するように求めています。検討するように求められているわけですから、この3要件を満たせば必ず経営者保証を外さなければならないということではありません。

　また、「経営者保証改革プログラム」の事業者向けパンフレットには、「今回の監督指針の改正は経営者保証を制限する趣旨ではありません。そのため個人保証の要否については、引き続き各金融機関の判断によります」との記述もあります。

　したがって、事業者のその時の財務内容や業績、事業性の評価、将来の収益性・安全性に加えて裸与信の状況、担保の状況なども総合的に判断した上で、各金融機関で個社別に判断することになります。

1　3要件に関する丁寧な説明

　改正監督指針では、経営者保証を求めることがやむを得ない場合には、経営者保証の必要性や解除のためにどのような改善等が必要か説明することを求めています。実際には、3要件（**Q9**参照）の内容も様々ですから、**「3要件をすべてクリアしたら経営者保証を外す」と形式的に決めておくことは困難です。また、将来どんな状況になっても、一切経営者保証を徴求しないとはいえません。**

　したがって、経営者には、3要件の条件が明確なものでない以上、それをクリアできたことで必ず経営者保証を徴求しないことになるわけでなく、あくまでもその可能性が高まり、真摯に検討することを丁寧に説明して、理解と納得を得ます。

一方で、**ガイドラインの３要件のすべてを充足しなくても、経営者保証を徴求しなかったり、解除することもあり得ます**。取引先に対する総合的な判断、検討をすることで個別に決定します。

2　改正監督指針との関係

　改正監督指針は、基本的に、新規融資において経営者保証を徴求する際のものです。経営者保証を制限する趣旨ではありませんから、経営者保証の要否については、引き続き各金融機関の判断によります。

　また、改正監督指針は、現行の実務を変えることを求めているわけではなく、事業者等の知識や経験に応じて、理解と納得が得られる説明が重要であることを述べています。

　事業者との真摯な対話によって、経営者保証に依存しない融資慣行を確立するのが望ましく、新規融資の時だけでなく、経営者保証の解除に関しても、徴求時と同じ対応が望ましいといえます。

3　可否判断の実務

　実務では、以下のような資料を活用し、経営者保証の要否、解除の可否を総合的に判断することが必要です。

・各金融機関で策定する「経営者保証解除のためのチェックリスト」や「経営者保証等の必要性に関するチェックリスト」

・中小企業活性化協議会や中小企業収益力改善支援研究会「収益力改善支援に関する実務指針」が示す「ガバナンス体制の整備に関するチェックシート」

・過去において経営者保証コーディネーターが活用していた「事業承継時

判断材料チェックシート」

　説明においては、形だけの説明・記録ではなく、理解を得られることを目的とした説明が重要となります。

　「どの部分が十分でないために経営者保証が必要となるのか」「どのような改善を図れば経営者保証の変更、解除の可能性が高まるのか」を債務者個々の状況を判断して、適切に説明しなければなりません。

経営者保証ガイドラインの活用に係る参考事例集って何？

| Answer |

　金融庁では、ガイドラインを融資慣行として浸透・定着させていくことが重要であると考えており、金融機関等によるガイドラインの積極的な活用に向けた取組みを促しています。その一環として、ガイドラインの活用に関して、金融機関等に広く実践されることが望ましい取組みを事例集として取りまとめ、『「経営者保証に関するガイドライン」の活用に係る参考事例集』（以下、「参考事例集」という）に公表しています。

1 参考事例集の目的

　ガイドラインは、経営者保証に関する中小企業、経営者および金融機関による対応についての自主的自律的な準則です。そのため金融庁では、ガイドラインを融資慣行として浸透・定着させていくことが重要であると考えており、その一環として、ガイドラインの活用に関して、金融機関等により広く実践されることが望ましい参考事例集を公表しています。

　これにより、金融庁は、ガイドラインの積極的な活用が促進され、ガイドラインが融資慣行として浸透・定着していくこと、中小企業等にとっては思い切った事業展開や早期の事業再生等の取組みの参考としてもらうこと、さらに、その他の経営支援の担い手の方々にとっては経営支援等の一助にしてもらうことを期待しています。

　ただし、参考事例集は、各金融機関から提出を受けた資料により作成されています。文中等における取組みに対する評価等については、当該資料を作成した各金融機関における見解であり、金融庁の見解を表したものではありません。

■金融庁『「経営者保証に関するガイドライン」の活用に係る参考事例集（令和元年8月改訂版）』

https://www.fsa.go.jp/status/
hoshou_jirei.pdf

---

2 参考事例集の枠組み

　参考事例集は、大きく4つの枠組みで構成されています。

I. 経営者保証に依存しない融資の一層の促進に関する事例
- ガイドラインの要件が充足されていることを確認した上で、経営者保証を求めなかった事例
- ガイドラインの要件は十分に充足されていないものの、経営者保証を求めなかった事例
- 運転資金への短期融資に係る事例
- 解除・停止条件付保証契約を活用した事例

II. 適切な保証金額の設定に関する事例

III. 既存の保証契約の適切な見直しに関する事例
- 事業承継に伴い保証契約を見直した事例
- その他

IV. 保証債務の整理に関する事例
- 中小企業再生支援協議会を活用した事例
- 特定調停を活用した事例
- REVICの特定支援業務を活用した事例
- REVICを活用した事例
- その他

このように、各金融機関が実際に行っている事例を網羅した参考事例集を活用して、ガイドラインの能動的な取組みを参考にし、融資慣行として能動的に浸透・定着させていきたいものです。

Q12 経営者保証ガイドラインの活用に係る組織的な取組み事例集って何?

| Answer |

Q11は、ガイドラインに関する個別の事例集でしたが、ここで紹介する『「経営者保証に関するガイドライン」の活用に係る組織的な取組み事例集』(以下、「組織的取組事例集」という)は、金融機関が能動的に行った組織的な取組みに対する事例集です。

金融庁は、ガイドラインを融資慣行として浸透・定着させていくことが重要であると考えているところ、ガイドラインの活用状況は金融機関ごとに大きく異なっており、特に活用が習熟していない金融機関に対しては、優良な組織的事例等を横展開するなど、ガイドラインの更なる活用を促す必要があるため、その一環として、組織的な取組事例を取りまとめています。

1 組織的取組事例集の目的

金融庁は、ガイドラインを融資慣行として浸透・定着させていくことが重要であると考えていますが、各金融機関の地域差や温度差があることが否めませんでした。ガイドラインの活用状況は金融機関ごとに大きく異なっており、特に活用が習熟していない金融機関に対しては、優良な組織的事例等を横展開するなど、ガイドラインの更なる活用を促す必要があるため、その一環として、組織的な取組事例を取りまとめました。

Q11でみた参考事例集と同様に、金融機関等においてガイドラインの積極的な活用が促進され、ガイドラインが融資慣行として浸透・定着していくこと、中小企業等にとっても思い切った事業展開や早期の事業再生等の取組みの参考としてもらうこと、さらには、その他の経営支援の担い手の方々にとっても経営支援等の一助にしてもらうことを期待して

います。

2 金融庁の要請

　経営者保証改革プログラムと併せて公表された要請文「個人保証に依存しない融資慣行の確立に向けた取組の促進について」（2022年12月23日）には、監督指針（取組方針）として、次の記述があります。

「民間金融機関においては、「経営者保証に関するガイドラインを融資慣行として浸透・定着させるための取組方針等」について、経営陣を交えて議論し、対外公表すること。当該取組方針等は、『「経営者保証に関するガイドライン」の活用に係る組織的な取組み事例集』の内容も適宜参照のうえ、事業者とよりよい信頼関係を築くためのコミュニケーションツールとして利用できる内容となるよう、具体的かつわかりやすい記載で「見える化」するとともに、取組方針等に沿った運用が行われるよう職員への周知徹底等により現場まで浸透させること。

　なお、当該取組方針等は、経営者保証に依存しない融資の促進に係る方針に加え、可能であれば、保証人等から保証債務整理の申出があった場合の方針についても盛り込むことが望ましい。」

　そして、特に、「組織的取組事例集」より抜粋した取組みとして、以下のものを挙げています。

▶保証徴求の判断や回収に要する時間を、顧客とのリレーション構築に使いたいとの経営トップの考えの下、原則、個人保証を徴求しない取組み。

▶例外を除き、原則個人保証を求めない。例外に該当し、個人保証を徴求する場合はすべて本部決裁とし、妥当性を検証の上、不要な個人保証を防止する取組み。

▶「法人のみの資産・収益力で借入返済が可能」と判断できた先であれば、

他の要件が未充足であっても、原則個人保証を徴求しない取組み。

▶代替融資手法の整備やコベナンツ付保証契約を具体的に制定した取組み。

▶営業店の「経営者保証に関するガイドライン」への取組状況を確認するためモニタリングを実施し、その結果（好事例・不芳事例）を営業店に還元するとともに、当該モニタリング結果を踏まえ、行員向研修において「経営者保証に関するガイドライン」の趣旨等を再徹底。

　金融機関行職員として、上記取組みに関しては必ず目を通し、自行庫の能動的な取組みの参考にしていただきたいものです。

■金融庁『「経営者保証に関するガイドライン」の活用に係る組織的な取組み事例集（令和3年10月改訂版）』
https://www.fsa.go.jp/news/r3/ginkou/20211005.pdf

「経営者保証に関するガイドライン」の
活用に係る組織的な取組み事例集

金融庁
令和3年10月改訂版

経済産業省公表の経営者保証解除の事例集って何？

| Answer |

　金融庁からは、「参考事例集」（Q11参照）と「組織的取組事例集」（Q12参照）が公表されていますが、経済産業省中小企業庁からは、事業者の視点を交えて、3要件（Q9参照）の充足に向け取り組んだ結果、経営者保証を解除することができた事例を紹介した事例集「事例で見る経営者保証解除〜課題解決のポイントとその効果」（以下、「経産省事例集」という）が公表されました（2022年9月20日）。

　この事例集は、経営者保証を求めない3要件に沿って、①法人個人の分離を実現することで解除した事例、②財務基盤の強化を実現することで解除した事例、③経営の透明性確保を実現することで解除した事例が記載されています。

1 事業者の立場に立った事例集

　ガイドラインでは、①法人と個人の分離（資産の所有やお金のやり取りに関して、法人と経営者が明確に区分されていること）、②財務基盤の強化（財務基盤が強化されており、法人のみの資産や収益力で借入金の返済が可能であること）、③経営の透明性確保（金融機関に対し、適時適切に財務情報が開示されていること）の3要件を、将来にわたって充足する体制を整備されていることが必要とされています。

　そして、この3要件のすべてまたは一部を満たせば、事業者は経営者保証なしで融資を受けられる可能性やすでに提供している経営者保証を見直すことができる可能性があります。

　「経産省事例集」は、事業者の視点から、**「3要件で足りない部分をこう**

したら3要件が充足して、経営者保証なしの融資が受けられた」もしくは
「経営者保証の解除に成功した」という事例が紹介されています。

2 3要件のうち足りない部分を充足して経営者保証を解除した事例

(1) 法人個人の分離を実現することで解除した事例

　法人と個人の分離の事例では、「経営者と法人の間で役員借入金や役員
貸付金が発生している」「個人で所有している土地の上に事業所を建てて
賃料を受け取っている」などの事例が取り上げられています。そして、そ
の解決策として「法人と個人との間で貸し借りをしている債権を整理」し、
「土地については法人に売却するなど」により、個人と法人の資産の分離
を行って経営者保証の解除に結びつけた事例などが取り上げられていま
す。

(2) 財務基盤の強化を実現することで解除した事例

　財務基盤の強化では、法人の収益のみで返済が可能であるか等につい
て検証されています。正常先の3要件に当てはまっているか、特に、直
近3期のEBITDA有利子負債倍率が10倍を切っているか（EBITDA有利
子負債倍率の要件は現在10倍から15倍に緩和されている）ことが重視され
ています。
　また、「経営計画を見直し売上げや利益率の向上」「経営課題の見直しを
外部専門家や金融機関と行う」「経費削減や不要資産の売却などを行い財
務基盤の強化を行う」などの事例が紹介されています。

(3) 経営の透明性確保を実現することで解除した事例

経営の透明性の確保の事例では、決算期の報告だけでは透明性の要件を充足しておらず、金融機関に対して「試算表の作成」「試算表の毎月ないしは四半期ごとの開示によりタイムリーな財務情報の伝達」「決算書に計上されている資産状況の説明を外部評価を含めて行う」ことにより、経営の透明性を高めることで経営者保証を解除した事例などが紹介されています。

他には、「経営者保証を外すことで事業承継を行うことが可能」になった事例などが紹介されています。

すべての項目が、「背景」「未充足項目の詳細」「解決策」「解除の効果」の4ステップでまとめられており、具体的な経営者保証の解除がイメージできる素晴らしい事例集です。

■経済産業省中小企業庁『事例でみる経営者保証の解除
〜課題解決のポイントとその効果（2022年9月20日）』
https://www.chusho.meti.go.jp/kinyu/
keieihosyou/download/jirei.pdf

経営者保証の実務

〈新規融資〉

Q14 経営者に どう説明したらよい？

| Answer |

　経営者等との間で経営者保証契約を締結する場合には、ガイドライン第4項(2)に掲げられている要素に基づき、「どの部分が十分ではないために保証契約が必要となるのか」「どのような改善を図れば保証契約の変更・解除の可能性が高まるか」を、可能な限り、資産・収益力については定量的、その他の要素については客観的・具体的な目線を示して説明します。

1 ガイドライン第4項(2)に掲げられている要素とは

　ガイドライン第4項(2)には、次のような記述がなされています。

　(2)　対象債権者における対応

　　対象債権者は、停止条件又は解除条件付保証契約、ABL、金利の一定の上乗せ等の経営者保証の機能を代替する融資手法のメニューの充実を図ることとする。

　　また、法人個人の一体性の解消等が図られている、あるいは、解消等を図ろうとしている主たる債務者が資金調達を要請した場合において、主たる債務者において以下のような要件が将来に亘って充足すると見込まれるときは、主たる債務者の経営状況、資金使途、回収可能性等を総合的に判断する中で、経営者保証を求めない可能性、上記のような代替的な融資手法を活用する可能性について、主たる債務者の意向も踏まえた上で、検討する。

　　イ）法人と経営者個人の資産・経理が明確に分離されている。

　　ロ）法人と経営者の間の資金のやりとりが、社会通念上適切な範囲を超えない。

ハ）法人のみの資産・収益力で借入返済が可能と判断し得る。

ニ）法人から適時適切に財務情報等が提供されている。

ホ）経営者等から十分な物的担保の提供がある。

上記イ～ホの５つの要素が、経営者に対する説明のポイントであり、**イ～ニは、いわゆる経営者保証を取らない３要件（Q9参照）**です。ホは、あまり意識されることはありませんが、十分な担保がある部分は、経営者保証なしの融資を検討すべきことを示唆しています。

2 「資産・収益力についての定量的説明」とは

改正監督指針には、『「経営者保証に関するガイドライン」第4項(2)に掲げられている要素を参照の上、債務者の状況に応じた内容を説明。その際、可能な限り、**資産・収益力については定量的、その他の要素については客観的・具体的な目線を示す**ことが望ましい』という記載があります。

経営者保証を取らない３要件における２つ目「財務基盤の強化」においては、数値目標があります。したがって、資産・収益力については、定量的な説明が必要となります。

財務基盤の強化とは、法人のみの資産・収益力で借入返済が可能であると説明できるということです。

具体的には、EBITDA有利子負債倍率（＝（借入金・社債−現預金）÷（営業利益＋減価償却費））が15倍以内という定量的数値があります。もし、取引先がEBITDA有利子負債倍率が20倍であった場合、次のような説明が定量的説明です。

（行職員）

御社のEBITDA有利子負債倍率を計算したところ、現在20倍の水準となっています。御社の経営努力でこの数値が15倍以内になれば、経営者保証なしでの融資の可能性が高まります。
この要件をクリアするためには、キャッシュフローを改善する必要があります。営業利益を改善するためには、値上げをする、仕入れを下げる、販売数量を上げる、経費を削減するという４つの方法がありますが、御社におかれましては、経費削減は十分行っていますから、商品の値上げを中心として検討し、キャッシュフローの改善をしてはいかがでしょうか。
その結果、EBITDA有利子負債倍率が15倍以内になれば、経営者保証なしでの融資を検討できます。

3 「その他の要素については客観的・具体的な目線」とは

　改正監督指針では、「保証契約を締結する場合には、どの部分が十分ではないために保証契約が必要なのか、どのような改善を図れば保証契約の変更・解除の可能性が高まるか、の客観的合理的理由について、顧客の知識、経験等に応じ、その理解と納得を得ることを目的とした説明を行う」としています。

　改正監督指針案への意見募集では、『監督指針改正案で定める「債務者の状況に応じた内容を説明」に関して、当局としてどのようなレベル感での説明を想定しているのかお教えいただきたい。また、「個別具体の内容」や「定量的」「客観的・具体的な目線」の例を示していただきたい』という意見がありました。

　これに対し、金融庁は、**「事業者等の知識、経験等に応じ、その理解と納得を得ることを目的とした説明を行うことが重要**と認識しております。なお、説明内容は事業者ごとに異なると思われるため、説明のレベル感

に関する例示を金融庁より示すことは考えておりません。一方で、具体的な運用に関しては、中小企業金融の現場の実態も十分踏まえた上で、検討してまいります」と回答しています。

　客観的・具体的な目線および客観的合理的理由については、経営者保証に関してどの部分が十分ではないために保証契約が必要なのか、どのような改善を図れば保証契約の変更・解除の可能性が高まるかについて求められていますから、経営者保証を取らない3要件について、取引先が整っていない部分を客観的かつ合理的に説明します。

例1：法人と経営者との関係の明確な区分・分離において、経営者が法人の事業活動に必要な本社・工場・営業車等の資産を有しているケース

（行職員）

会社から社長に対して、適切な賃料が支払われていれば、この要件はクリアできます。一度ご検討してみてはいかがでしょうか。

例2：法人から経営者等への資金流用（貸付金、未収入金、仮払金等）があるケース

一定期間で会社からの貸付金が解消できる疎明資料がありましたら、この要件はクリアできます。

例3：財務状況の正確な把握、適時適切な情報開示等による経営の透明性確保においての客観的・具体的な目線

現在は決算書の開示のみになっていますが、試算表と合わせて資金繰り表などの財務情報を継続的に提供していただき、当面の資金繰りに資金不足が生じていないことが、資金繰り表等により確認できれば、この要件はクリアできます。

〈新規融資〉

Q15 「法人と経営者との関係の明確な区分・分離」はどう説明すべき?

| Answer |

　法人が、経営者保証を提供することなしに資金調達を希望する場合、主たる債務者は、法人の業務、経理、資産所有等に関し、適切な運用を図ることを通じて、法人個人の一体性の解消に努めることが求められています。説明する際には、法人と経営者との関係の明確な区分・分離状況に応じて、個別具体的に説明していきます。

事例

　「法人と経営者との関係の明確な区分・分離」の具体例は**Q9**記載のとおりです。ここでは、経営者に対する具体的な説明の仕方について、事例でみてみましょう。

事例1　法人の事業活動に必要な本社・工場・営業車等の資産を、経営者が有していないケース

※なお、事業資産の所有者が決算書で説明できない場合は、所有資産明細書等を添付する。所有者が経営者である場合は、適切な賃料が支払われているかが確認できる賃貸借契約書等を添付する。

（行職員）

> 御社は現在、社長の個人資産である土地の上に、社長名義の工場が建設されています。
> この状況ですと、法人と経営者との関係の明確な区分・分離の要件に当てはまりませんので、経営者保証なしの融資を検討できません。
> 加えて、決算書からは、会社から社長に賃料を払っていることが確認できない状況です。

（経営者）

確かにそうだけれど……。

経営者が法人の事業活動に必要な本社・工場・営業車等の資産を有していないと、明確にわかることが必要なのです。

なるほど。どうすればいいの？

そこで、会社から社長に適切な賃料を支払う賃貸借契約を結ぶか、社長の土地を会社に売却するなどを検討してはいかがでしょうか。この点がクリアできれば、経営者保証なしの融資の可能性が高まるとともに、会社としての適切なガバナンスが機能すると思います。

　上記に関連して、次のトーク例も参考になります（「経営者保証ガイドラインＱ＆Ａ」（以下、「Ｑ＆Ａ」という）Q6-1より）。

資産の分離については、経営者が法人の事業活動に必要な本社・工場・営業車等の資産を所有している場合、経営者の都合によるこれらの資産の第三者への売却や担保提供等により、事業継続に支障を来すおそれがあるため、そのような資産については経営者の個人所有とはせず、法人所有とすることが望ましいと考えられます。
なお、経営者が所有する、法人の事業活動に必要な資産が、法人の資金調達のために担保提供されていたり、契約において資産処分が制限されているなど、経営者の都合による売却等が制限されている場合や、自宅が店舗を兼ねている、自家用車が営

業車を兼ねているなど、明確な分離が困難な場合においては、法人が経営者に適切な賃料を支払うことで、実質的に法人と個人が分離しているものと考えられます。

事例2　法人から経営者等への資金流用、事業上の必要が認められない資金の流れ（貸付金、未収入金、仮払金等）があるケース

※なお、貸付金等がある場合には、一定期間での解消意向を説明するため、金銭消費貸借契約書、借用書等の契約書類を添付する。

（行職員）
御社の場合、経営者保証ガイドラインの法人と経営者との関係の明確な区分・分離ができていないため、経営者保証を取得させていただきたいと考えています。

（経営者）
え、なぜ？

会社から社長に3,000万円の貸付金がありますが、過去数期における決算書を確認したところ、その返済が行われていないようです。
この場合、ガイドラインの「法人から経営者等への資金流用、事業上の必要が認められない資金の流れがない」という項目に抵触してしまうのです。

そうは言っても私のお金なんだから……。

なぜ社長個人への貸付金があると経営者保証なしにできないかというと、もし、その貸付金が返済されないとなると、会社

の融資に対する返済原資が不足することが起きるかもしれないからです。

 なるほど。どうすればいいの?

 現時点では、経営者保証を取得させていただきたいと考えていますが、今後、貸付金の返済を行ったり、完済の見通しが立った場合には、経営者保証を解除させていただく検討ができるかもしれません。
まずは、貸付金の返済方法についての取り決めを検討されたらいかがでしょうか。

上記に関連して、次のトーク例も参考になります(「Q&A」Q6-1より)。

 経理・家計の分離については、事業上の必要が認められない法人から経営者への貸付は行わない、個人として消費した飲食代等の費用については法人の経費処理としないなどの対応が考えられます。
なお、そのような対応を確保・継続する手段として、取締役会の適切な牽制機能の発揮や、会計参与の設置、外部を含めた監査体制の確立等による社内管理体制の整備や、法人の経理の透明性向上の手段として、「中小企業の会計に関する基本要領」等に拠った信頼性のある計算書類の作成や対象債権者に対する財務情報の定期的な報告等が考えられます。
また、こうした対応状況についての公認会計士や税理士、弁護士等の外部専門家による検証の実施と、対象債権者に対する検証結果の適切な開示がなされることが望ましいと考えられます。

Q16 「財務基盤の強化」の具体的説明はどうしたらよい?

| Answer |

　法人が、経営者保証を提供することなしに資金調達を希望する場合、主たる債務者は、財務状況および経営成績の改善を通じた返済能力の向上等により、信用力を強化する財務状況として、経営者個人の資産を債権保全の手段として確保しなくても、法人のみの資産・収益力で借入返済が可能と判断し得る状況が期待されます。

　具体的には、①業績が堅調で十分な利益(キャッシュフロー)を確保しており、内部留保も十分であること、②業績はやや不安定ではあるものの、業況の下振れリスクを勘案しても、内部留保が潤沢で借入金全額の返済が可能と判断し得ること、③内部留保は潤沢とはいえないものの、好業績が続いており、今後も借入を順調に返済し得るだけの利益(キャッシュフロー)を確保する可能性が高いことです(「Q&A」Q4-5より)。

事例

　「財務基盤の強化」の具体例は、**Q9**記載のとおりです。ここでは、経営者に対する具体的な説明の仕方について、事例でみてみましょう。

| 事例1 | 債務償還能力として、EBITDA有利子負債倍率15倍以内に該当しないケース |

(行職員)

今回、経営者保証が必要となる理由について説明いたしますと、御社の場合、経営者保証なしの融資を受けられる3要件の中で、「財務基盤の強化」という項目が不足しております。

（経営者）

どういうこと？

はい、その具体的な数値目標として、「EBITDA有利子負債倍率が15倍以内」という基準があります。
それを計算したところ、現在18倍と、あと一歩の水準まで来ています。
この数値が、将来に亘っても15倍以内となるように見込まれれば、経営者保証なしの融資の可能性が高まることになります。

もう少しなんだね。どうすればいいの？

その方法としては、利益を上げてそれを内部留保することで現預金の残高を増やす、余剰資産などの売却による借入金返済を行なう、などの方法があります。

なるほど。

その結果、EBITDA有利子負債倍率が15倍以内になれば、経営者保証なしでの融資を検討できますが、あくまでも総合的な判断となりますので、EBITDA有利子負債倍率が15倍以内になったことだけをもって、経営者保証なしの融資ができるということではない点はご理解ください。

事例2 安定的な収益性として、減価償却前経常利益の黒字が
2期連続でないケース

（行職員）

御社は前期決算においては、減価償却前経常利益が黒字と
なっています。

しかし、前々期決算においては、残念ながら減価償却前経常
利益は赤字でした。

今回は、当行の経営者保証なしの融資を行なう1つの基準と
しての「安定的な収益性として、減価償却前経常利益が2期
連続赤字でない」という項目が不足しており、経営者保証を
徴求させていただくことになります。

（経営者）

うーん、そうか。

しかし、今期、減価償却前経常利益が黒字となりましたら、次
回は経営者保証なしでの融資を検討できるかもしれません。

なるほど。

ただ、経営者保証を徴求するかしないかは、あくまでも総合
的な判断となるため、減価償却前経常利益が2期連続赤字で
ないことだけをもって経営者保証なしの融資ができるという
ことではない点はご理解ください。

事例3 資本の健全性として、
純資産額の直近が資産超過でないケース

（行職員）

御社の決算書を拝見しますと、直近の純資産額は300万円の
資産超過になっています。
当行の経営者保証なしの融資を行なう1つの基準として「資
本の健全性として、純資産額の直近が資産超過であること」
がありますが、これは決算書の名目的な数字で判断するので
はなく、実態で判断することになっています。

（経営者）

では、問題ないということだね？

御社の売掛金の明細を見ますと、A社に対する売掛金が3期
連続1,000万円と同額計上されていて、これは回収できない不
良資産であると判断できます。
それを考慮して純資産額を計算しますと、700万円の債務超
過になっているのが実態という判断になります。

そうなのか。どうすればいいの？

はい、こうした不良資産を早期に償却できる財務体質を目指
していただき、利益の蓄積により債務超過を解消でき、将来
に亘ってそれを維持することができるのであれば、経営者保
証なしでの融資を検討できるかもしれません。

なるほど。

ただ、経営者保証を徴求するかしないかは、あくまでも総合的な判断となるため、債務超過を脱したことだけをもって経営者保証なしの融資ができるということではない点はご理解ください。

Q17 〈新規融資〉
「経営の透明性確保」の具体的説明はどうしたらよい？

| Answer |

　法人が、経営者保証を提供することなしに資金調達を希望する場合、主たる債務者は、正確かつ丁寧に信頼性の高い情報を開示・説明することにより、経営の透明性を確保することが求められています。金融機関の求めに応じて、融資判断において必要な情報の開示・説明が求められるということです。

　具体的には、貸借対照表、損益計算書の提出のみでなく、これら決算書上の各勘定明細（資産・負債明細、売上原価・販管費明細等）を提出する、期中の財務状況を確認するため、年に1回の本決算の報告のみでなく、試算表・資金繰り表等の定期的な報告を行うなどです。金融機関は、経営者とコミュニケーションを取りながら、お互いの信頼感を高めることで、透明性の確保に資する説明をする必要があります。

事例

　財務状況の正確な把握、適時適切な情報開示等による経営の透明性確保」の具体例は、**Q9**記載のとおりです。ここでは、経営者に対する具体的な説明の仕方について、事例でみてみましょう。

事例
1
財務情報を適時適切に提供できる体制となっておらず、継続的に提供する意思が不明であるケース

（行職員）
今回、御社から経営者保証のない融資を求められましたが、御社の場合、経営者保証なしの融資を検討できる3要件のうち、「法人と経営者との関係の明確な区分・分離」と「財務基盤の強化」に関してはクリアできていると思います。

（経営者）　それはできているはずだよ。

ただ、長年の間、決算書は開示されてはいますが、各勘定明細や法人税確定申告書の書類、試算表の開示を受けておりません。
今まで、業績が良いので決算書以外は開示しないという方針であることは聞いていました。

そうですね。

経営者保証なしの融資を検討するにあたり、経営者保証の3要件のうち「金融機関からの求めに応じて財務情報を適時適切に提供できる体制が整っており、継続的に提供する意思がある」という要件が不足してしまいます。

そうなの？　どうすればいいの？

これからも、当庫との安定した、末長い融資取引を継続させていただくために、貸借対照表と損益計算書だけでなく、資産・負債 明細、売上原価・販管費明細等の各勘定明細をご提出いただき、また、期中の財務状況を確認するために、本決算の報告のみでなく、試算表・資金繰り表等の定期的な報告をお願いできないでしょうか。

なるほど。

御社の財務情報を適時適切にご提供いただける体制が確認できれば、経営者保証なしの融資を検討させていただくことが可能となります。

<table>
<tr><td>事例2</td><td>決算書・試算表等を毎月提供できていないケース</td></tr>
</table>

事例2 決算書・試算表等を毎月提供できていないケース

（行職員）
御社は、試算表を毎月作成しているものの、当庫に定期的な情報開示がされていない状況です。

（経営者）
そうだね。どうすればいいの？

御社の顧問会計士は、TKCを活用している税理士ですよね。今回の設備投資融資を経営者保証なしで検討するために、TKCモニタリング情報サービスを利用するのはいかがでしょうか。

それはなぜ？

このサービスを利用することで、毎月、自動的に顧問税理士から私どもに、月次の決算書・試算表等が提供されます。私どもとしては、経営の透明性確保がなされたものと判断することができます。一度、顧問税理士に相談してみていただけませんか。

事例3 経営の透明性の確保が確保されておらず、「中小企業の会計に関する基本要領」に適用した決算書の作成を促すケース

（行職員）

御社は、経営者保証ガイドラインの経営の透明性の確保という要件が満たされていない状態でして、今回は経営者保証を取らせていただきたいと考えています。

（経営者）

うーん。

経営者保証なしの融資を検討するにあたっての当庫の基準の1つに、『「中小企業の会計に関する基本要領」等に則って決算書が作成されている』というのがあります。
まずは、顧問税理士に、それが可能かどうかご確認いただけませんか。

そうだね、確認してみます。

もし、今の段階で経営者保証なしの融資を検討するのでしたら、停止条件付保証契約であればご検討できます。
計算書類等の正確性や適法性について表明保証していただき、もし後日、それが真実ではなかったことが判明した場合、もしくは決算書等に誤りがあった場合に、経営者保証の効力が発生するという保証契約です。

Q18 〈新規融資〉

適切な経営者保証金額の設定についてどう考えればよい?

| Answer |

　保証契約を締結する際には、経営者保証に関する負担が中小企業の各ライフステージにおける取組意欲を阻害しないよう、形式的に保証金額を融資額と同額とはせず、保証人の資産および収入の状況、融資額、主たる債務者の信用状況、物的担保等の設定状況、主たる債務者および保証人の適時適切な情報開示姿勢等を総合的に勘案して設定します(ガイドライン5項(2))。

1　適切な保証金額の設定

　上記**Answer**の内容を、詳しくみてみましょう。

　中小企業の各ライフステージには、様々な定義があります。例えば、①創業、②成長・成熟、③持続的発展、④危機、⑤低迷・再生等です(中小企業庁「中小企業・小規模事業者のライフステージにおける資金需要・リスクと信用補完制度の意義(平成28年4月22日)」など)。

　中小企業や小規模事業者の事業のライフステージは、創業から始まり、徐々に事業を拡大することで成長・成熟期を迎えます。そして、小規模企業から中小企業となり、持続的発展を続けていきます。その後、一部の企業は危機期を迎え、低迷・再生期に向かいますが、いずれの局面においても、融資は企業にとっての血液であり、経営者保証はそのリスクに応じた適切な金額を設定することを考慮しなければいけません。

2 「形式的に保証金額を融資額と同額とはせず」

　形式的に保証金額を同額とする、というのは、例えば5,000万円の融資において、その評価が2,000万円の担保がある場合でも、保証金額を5,000万円とする従来の経営者保証徴求の考え方をいいます。

　形式的に保証金額を同額とはしない、という考え方の例としては、2,000万円の担保があるのだから、保証金額は未保全額の3,000万円とするということが適切な保証金額の設定となります。

3 「保証人の資産および収入の状況」

　保証人の資産および収入の状況を考慮する、というのは、例えば保証人の無担保資産および収入を調査して算出した価額が2,000万円であった場合は、経営者保証の限度額を2,000万円までとするという考え方です。

　そこに融資額、主たる債務者の信用状況、物的担保等の設定状況等の要素を加えて、最後に主たる債務者および保証人の適時適切な情報開示姿勢等を総合的に勘案して、適切な保証金額を設定することになりますから、保証金額の決定は個々の事案により異なることになります。

4 経営者へのわかりやすい説明

　このような過程を経て適切な保証金額が決定した場合は、その保証金額の決定根拠を説明します。算出した保証人の保有資産の金額、物的担保の評価額、融資金額に対する金額等を具体的に示しつつ、ガイドラインに基づいて、機械的・画一的に融資金額と保証金額とを同額で設定し

たものではないことを含めてわかりやすく説明することにより、決定し
た適切な保証金額に対して理解を得ることになります。

Q19 説明の記録はどのように残したらよい?

| Answer |

　経営者への説明の記録義務について、経営者保証を必要とする理由、要件を踏まえた説明をした旨を確認し、その結果等を書面または電子的方法で記録します（改正監督指針II−3−2−1−2）。具体的にどのようなことを説明したのかを記録し、その説明において経営者が理解し納得したがどうかを記録文書として作成・保存します。

1 説明・記録を義務づけることの背景

　金融庁は、ガイドラインを融資慣行として浸透・定着させて、金融機関が不動産担保や個人保証に過度に依存せず、企業の事業性に着目した取組みをすることにより、金融仲介機能を発揮することが重要と考えています。そして経営者保証に関する説明にあたっては、事業者の知識、経験等に応じ、その理解と納得を得ることを目的とした説明を行うことが重要であると認識しています。

　しかし、ガイドラインが制定されて10年近くが経過しても、ガイドラインの考え方や実効性が浸透しておらず、金融機関の自主性に任せることに限界があると判断しました。改正監督指針において、金融機関に対して説明時の記録と報告を義務づけることは、ガイドラインを融資慣行として浸透・定着させていくことを実現する1つの手段として有効であると考えたものです。

2 「経営者保証改革プログラム」にある説明・記録義務と報告

「経営者保証改革プログラム」では、金融機関が個人保証を徴求する際の説明・記録について、次の点を主な施策としています（**Q3** 参照）。

イ．金融機関が経営者等と個人保証契約を締結する場合には、保証契約の必要性等に関し、事業者・保証人に対して個別具体的に以下の説明をすることを求めるとともに、その結果等を記録することを求める〈2023 年 4 月〜〉。

  ▶どの部分が十分ではないために保証契約が必要となるのか

  ▶どのような改善を図れば保証契約の変更・解除の可能性が高まるか

ロ．金融機関に対して、イの結果等を記録した件数を金融庁に報告することを求める〈2023 年 9 月期実績報告分より〉。

3 記録義務づけへの金融機関への配慮

記録の義務づけに関しては、金融機関への配慮として、対応は一任されており、各金融機関で制定している説明記録の用紙に従って記録を残します。

これについて、金融庁は「新たなシステム等の構築を求めるものではなく、既存の日報等に記録する対応で差し支えありません。また、システム等で検索ができる状態である必要はありませんが、当局や事業者等から確認を求められた場合などには、速やかに当該記録を確認し、場合によっては提出できる態勢を構築する必要があると考えております」と述べています（「コメントに対する金融庁の考え方」No.31）。

Q20 〈新規融資〉
創業融資でも 経営者保証はなしでよい？

| Answer |

「経営者保証改革プログラム」では、経営者保証を徴求しないスタートアップ・創業融資の促進が提言されています。

具体的には、経営者保証を徴求しない新しい信用保証制度の新設や、日本政策金融公庫（以下、「日本公庫」という）等における創業から5年以内の者に対する経営者保証を求めない制度の要件緩和、商工組合中央金庫（以下、「商工中金」という）におけるスタートアップ向け融資における経営者保証の原則廃止に加え、民間金融機関に対して、経営者保証を徴求しないスタートアップ向け融資を促進する旨を要請するとしています。

1 スタートアップ・創業に関する金融機関関係団体への要請

2022年12月23日、政府は、「個人保証に依存しない融資慣行の確立に向けた取組の促進について」を公表し、スタートアップ・創業に関して、金融関係団体等に対する次の要請を行いました。

▶「新しい資本主義のグランドデザイン及び実行計画」（2022年6月7日閣議決定）において、「スタートアップの育成は、日本経済のダイナミズムと成長を促し、社会的課題を解決する鍵」とされた。こうした中、創業時の融資において個人保証を求める慣行は、創業を躊躇させるなど創業意欲の阻害要因となり得るところ、創業時点では企業は必ずしも充分な資力を有していない場合が多いことなどの事情を踏まえ、ガイドラインの要件のうち財務基盤の強化に係るものについて機械的に当てはめることなく、個人保証を求めない対応ができないか、事業の将来性等を踏まえた検討を行うこと。

▶日本公庫等においては、新たに創業後5年以内のスタートアップ向けに要件を緩和した経営者保証免除特例制度や、無保証で利用可能な資本性劣後ローンなどを積極的に活用するなど、事業者のニーズに適切に対応すること。

▶民間金融機関においては、事業者のニーズに応じて、これらの日本公庫等の制度を紹介するとともに、新たに信用保証協会に措置されるスタートアップ創出促進保証を積極的に利用すること。また、こうした制度を利用する事業者に対し、日本公庫等や信用保証協会と協調で資金供給を行うなどの連携に努めること。さらに、**創業後6年目以降の事業者の資金ニーズへの対応については、民間金融機関の果たす役割が大きくなってくる**ことも踏まえ、早期の段階から事業者の状況を積極的に把握しつつ、必要に応じ、事業者の将来の展望も踏まえた支援に努めること。

2 民間金融機関の役割

スタートアップ・創業融資については、リスクが高いため、民間金融機関においては、信用保証協会保証付融資で対応するのが基本となっています。そうした創業融資についても、創業時の経営者保証を不要とする新しい信用保証制度として、「スタートアップ創出促進保証制度」が2023年3月15日より開始されており、積極活用するように要請されています。

また、日本公庫と協調して創業融資に取り組むこともありますが、できる限り、経営者保証に関しても歩調を合わせる姿勢が重要となりつつあります。

今後、創業者に対しては、信用保証制度を積極的に活用していくとともに、民間金融機関でも経営者保証のないプロパー創業融資に取り組ん

でいくことが必要となるでしょう。

　また、前記要請文にあるように、創業後6年目以降の事業者の資金ニーズへの対応については、民間金融機関の果たす役割が重要となることも踏まえ、**早期の段階から事業者の状況を積極的に把握しつつ、必要に応じ、事業者の将来の展望も踏まえた支援に努めることが必要となります。**

〈新規融資〉

Q21 経営者保証を外した事例にはどのようなものがある？

| **Answer** |

　経営者保証を外した事例を調べるには、金融庁「参考事例集」（**Q11** 参照）と、経済産業省中小企業庁「経産省事例集」（**Q13** 参照）を参考にするとよいでしょう。

1 金融庁「参考事例集」の経営者保証解除の好事例

事例1 他の金融機関と協調して、経営者保証を求めなかったA社の事例（地域銀行）

1. 主債務者および保証人の状況、事案の背景等

● A社は、段ボール紙の製造業者である。営業地域内に競合先がないことから、安定的に受注を確保し業況は堅調に推移している。

● 震災直後は売上低下により減収となったが、新たな事業展開として、段ボールによるインテリア製品の製造や簡易防音施設の開発を開始している。

● 上記の新事業展開もあり、A社は企業立地補助金を活用した新工場の設備投資を計画しており、補助金以外の設備資金については、当行および地元信金の2行が4億円の協調融資を行うこととなった。

● 本件協調融資については、当初、経営者保証の提供を条件として検討を進めていたが、ガイドライン適用開始後の融資実行となることから、協調先の地元信金とも連携の上、保証人の条件について見直しを図ることとした。

2. 経営者保証に依存しない融資の具体的内容

● A社は、上場企業も含めた優良取引先を有しており、業況は安定している。また、新工場の稼動により生産能力の拡充が見込まれるため、当行としても設備資金の需要に積極的に対応する方針としている。

- A社については、以下のような点に鑑み、保証人は不要と判断した。
  - ①A社は実質的にはオーナー企業であるが、その親族は取締役に就任しておらず、適切な牽制機能が発揮されていること。
  - ②A社から経営者への貸付等もなく、事業用資産はすべて法人所有であるなど法人と経営者の関係の区分・分離が図られていること。
  - ③法人単体での返済力も十分であること。
- また、協調先の地元信金との目線合わせも行い、当該金庫においても保証人を求めないで融資を行うこととなった。

（「参考事例集」事例3より）

 ## 事例2　事業性評価の内容を考慮して経営者保証を求めなかったB社の事例（地域銀行）

1. 整理の申し出を行うに至った経緯・状況等

- B社は、昭和40年に創業した食肉加工業で、主に牛肉、豚肉、鶏肉の一次加工メーカーとして、食品工場や飲食チェーン店等に多数の商品を出荷しているが、近年は、主要取引先との取引減少や低価格の輸入加工肉の増加等の影響を受け、経常赤字が続き、債務超過に陥っていた。
- 今後、地域の人口減少により、更なる需要の減少が見込まれるなか、介護業界向け食肉加工する新規事業を立ち上げる等、経営体制の見直しを図ったことで、2015年9月期以降は、粗利益改善、2期連続の経常利益を計上し、債務超過も解消することができた。
- 今回、当行は、B社からの期間5年の運転資金4,000万円の申し込みを受けた際、ガイドラインの適用を検討したもの。

2. 経営者保証に依存しない融資の具体的内容

- B社は業況が改善しつつあるものの、経常赤字、債務超過を解消して間もないことを踏まえると、財務基盤の安定性については、やや不安が残る状況であり、経営者保証ガイドラインの要件を十分に満たしているとは言えない状況であった。しかし、当行は、B社への定期的な訪問や経営者と対話を通じて、B社の事業内容や成長可能性等を含めた事業性を評価（事業性評価）

することができていたことから、総合的に判断し、最終的には、経営者保証を求めないで融資を行うこととした。

（事業性評価によるB社の強み）

・B社独自の製造ノウハウを有するとともに、商品配送なども効率化しており、高品質かつ低価格な商品を大企業と比較して、小ロット・短納期で提供することが可能。

・今後ニーズの拡大が見込まれる介護業界向け食肉加工に対応するため、ものづくり補助金等を利用した積極的な設備投資を行っており、新分野においても、作業効率を高めた上で生産力の拡大を図ることにより、全国的な販路拡大、中長期的な収益の増大が期待できる。

（経営者保証ガイドラインの適用要件に係る充足状況）

①強固な財務基盤という点においては、経常赤字、債務超過の状況から脱却して間もないことを踏まえると、やや不安が残るものの、事業性評価を実施することで、十分なキャッシュフローの確保が見込まれるなど、将来の返済には問題がないと判断できるため。

②B社および保証人からの財産状況等の適時適切な開示が行われている。

③法人と経営者の間の資金のやり取りがなく、法人と経営者個人の資産・経理が明確に分離されている。

（「参考事例集」事例8より）

　経営者保証以外の方法で、経営者の規律付けに代わるものとしては、事業性評価への取組強化が考えられます。事業性評価をしっかりと行うことで企業の実態把握ができている取引先は、経営者保証に依存する必要がないという考え方です。その点から、事業性評価の内容を考慮して経営者保証を求めなかった事例は、非常に参考になります。

事例3 財務基盤の強化を実現することで解除したC社(電子部品製造業(年商10億円超、従業員100人超))の事例

背　景

C社の経営者は、財務基盤強化に向けて改革を継続。計画を着実に達成していくなか、更なる成長投資の実行に向け、金融機関に対して既存融資契約の経営者保証解除を申し出た。

▶POINT　経営者保証の存在が成長投資を抑制

未充足項目の詳細

新分野への先行投資を実施するも、市場の伸長がC社の想定より遅延していたことから事業化が果たせず、経営計画未達の状況が継続。

▶POINT　法人のみの収益力で借入返済が可能と判断することが難しい

解決策

商工会議所の経営指導員とともに、事業化の見積もりが過大であった従前の経営計画を見直し、実現性の高いものにブラッシュアップ。借入比率を減らすべく、新たに負債の圧縮目標を定めた。また、事業化が確実な製品の量産対応でキャッシュフローを創出し、それを新分野への先行投資に充当する戦略に転換し、財務基盤の安定化を図った。

▶POINT　外部専門家等からの意見等を踏まえた経営計画の見直し

解除の効果

新経営計画の着実な達成により財務基盤を強化したことで、全借入につき経営者保証の解除を実現。以降、投資戦略の見直しも実施し、技術開発など事業化に時間を要する投資は自己資金を活用する一方、量産化など売上に直結す

る投資には、経営者保証なしの金融機関借入を活用。金融機関借入の返済原資が本業の収益で賄えるようになったため、金融機関からの信頼が更に向上した。

▶POINT　積極的な投資の継続

（「経産省事例集」12頁より）

事例4	経営の透明性確保を実現することで解除したD社 （卸売業（年商1億円超～3億円以下、従業員10人以下））の事例

背　景　新経営者は企業成長のために設備投資を検討するも、経営者保証を提供しなければならないことがネックとなり、資金調達に踏み切れなかった。税理士からガイドラインについて説明を受け、経営者保証解除にあたって「経営の透明性確保」が重要であることを理解し、経営者保証解除に向けた取組みを開始。

▶POINT　経営者保証の存在が、成長投資を抑制

未充足項目の詳細　税理士の協力の下、試算表は作成していたが、金融機関に定期的な情報開示をしていなかった。

▶POINT　金融機関への定期的な情報開示が不十分

解決策　税理士に、作成した試算表および経理体制（契約書や証憑書類の整理状況、資産負債残高のチェック状況等）の監査を毎月受けるとともに、金融機関へ試算表の共有を開始。税理士とともに策定した経営計画について、四半期ごとに計画・実績を比較分析し、今後の対策を検討した結果、毎期黒字化することへの意識が高まった。着実に利益を確保できるようになったことで、自己資本比率の向上にも繋がった。

▶POINT　外部専門家等からの意見等を踏まえた改善

解除の効果 経営者保証からの解放により、経営に対する責任感が一層高まるとともに、新たな挑戦への意欲も高まった。

▶POINT 経営者としての責任感向上

（「経産省事例集」22頁より）

Q22 〈既存融資〉 既存融資の経営者保証はどうなる？

| Answer |

　改正監督指針は、契約時点等における説明を主眼としていますから、直接、改正監督指針が既存融資に対する経営者保証に適用されることはないと考えられます。

　しかしながら、金融庁は、「変更契約締結時においても、事業者等の知識、経験等に応じ、その理解と納得を得ることを目的とした説明がなされることを期待している」と述べており（「コメントに対する金融庁の考え方」No.29）、金融機関の対応としては、新規融資と同様に既存融資についても、経営者保証に対する能動的な対応が必要になると考えられます。

1 改正監督指針に対するパブリックコメントへの回答

　金融庁は、改正監督指針について、「保証契約の締結時」についての説明・態勢整備を求められるものであり、保証解除を求められた場合の対応等についての改正はなく、また、監督指針の改正前に、すでに経営者保証を徴求し、融資を実行している場合には、再度の保証契約の必要性・解除の可能性等に係る説明は不要であるとしています（「コメントに対する金融庁の考え方」No.15、No.37）。

　このことから、監督指針の改正は、保証契約の締結時に限るということになり、既存融資の経営者保証を解除する場合にこの監督指針は適用されません。

　ただし、改正監督指針においては「経営者等と保証契約を締結する場合」としていますので、融資の変更契約締結時においては対象とはならないものの、金融庁は、「変更契約締結時においても、事業者等の知識、経験

等に応じ、その理解と納得を得ることを目的とした説明がなされること
を期待しております」とのコメントをしています（同29）。

　これらのことから、既存の保証契約の見直しについては言及がないの
は確かですが、経営者保証ガイドラインを否定しているわけではありま
せんから、既存融資の経営者保証の考え方はガイドラインに則って考え
るのが妥当といえます。

2 ガイドラインにおける既存の保証契約の対応

　ガイドラインには、既存の保証契約の適切な見直しについての記載が
あります（ガイドライン第6項）。

　主たる債務者において経営の改善が図られたこと等（①法人と経営者
との関係の明確な区分・分離、②財務基盤の強化、③財務状況の正確な
把握、適時適切な情報開示等による経営の透明性確保の経営状況を将来
にわたって維持できる）により、主たる債務者および保証人から既存の保
証契約の解除等の申入れがあった場合、また、保証契約の変更等の申入
れがあった場合は、金融機関は、申入れの内容に応じて、改めて、経営
者保証の必要性や適切な保証金額等について、真摯かつ柔軟に検討を行
うとともに、その検討結果について主たる債務者および保証人に対して
丁寧かつ具体的に説明しなければなりません。

Q23 〈既存融資〉
「他行庫では経営者保証を外してもらった」と言われたけれど？

| Answer |

　経営者保証の徴求の有無は、各金融機関の判断によります。したがって、まずは自行庫独自の判断があって、他行庫とは異なる場合があることを理解してもらいます。また他行庫ではどのような経緯で経営者保証なしの融資を受けたか、できればその要件を具体的に聞いてみましょう。

1 まずは当行庫の経営者保証なしの基準を確認

　経営者保証の説明にあたっては、最初に当行庫の経営者保証なしの基準に当てはまるかを検討します。それでもって自行庫で経営者保証の融資ができないのに、多行庫でできた場合は、**基準そのものに違いがある、担保条件などが大きく異なる、自行庫では見えていない事業性評価があるなどの要因**が考えられます。

2 他行庫における経営者保証を取らない背景を確認する

　他行庫の判断の背景については、経営者保証を要しない制度融資ではないか、別に不動産担保を入れていないか、ABLや条件付契約ではないかなどを確認します。

　また、金融機関とのコミュニケーションの取り方により、取引先の情報量に違いが出てくることも想定されます。さらに、業況等の把握のための資料の違い、報告の頻度の違いから、自行庫で把握しきれていない事業性の情報等が存在しているかもしれません。また、"総合的判断"と

いう曖昧さの基準も、各金融機関に違いがあるでしょう。

　最終的には、経営者保証を徴求する、しないの判断は、各金融機関の判断によります。したがって、**まずは自行庫独自の判断があって、それは他行庫とは関係のないことを理解してもらいます**。

3　具体的な説明

　具体的には、このような説明が想定されます。

（行職員）

> Ｚ銀行は、御社のメインバンクでしたね。できましたら、どういった経緯で経営者保証を取らない融資を受けたか、詳しくお聞かせいただけませんか？

（経営者）

> 経緯？

> はい、例えば、当座預金はＺ銀行にありますから、Ｚ銀行は御社の商売上の取引の流れを把握することができます。
> また、預金もＺ銀行が一番多額かと思います。融資における不動産担保もＺ銀行には差し入れられています。
> それに対して当庫では、保全となるものが社長の経営者保証しかありません。
> Ｚ銀行とは大きく取引内容が違いますので、今回は経営者保証をお付けせずに融資ができないことについてご理解いただきたいのです。

Q24 〈既存融資〉 根保証先の説明はどうすれば よい?

| Answer |

　改正監督指針により、2023年4月以降、新たに経営者保証を結ぶ際の具体的な説明・記録が義務化されました。しかし、2023年3月末までに根保証契約を結んでいた先に対しては、最長で今後5年間、説明機会が設けられない可能性があります。

　したがって、金融庁は、金融機関が根保証で経営者保証を求めている融資先に、保証の必要性や解除の方法を説明するよう求める追加基準を検討しています。

1 根保証による保証契約

　根保証契約とは、将来発生する不特定の債務を保証する契約であり、融資が継続する場合に、それによって生じるすべての債務を保証します。根保証は、保証の上限額(極度額)を定めなければならず、保証期間は、融資債務については最長5年が限度となっています。

　根保証契約は、特に信用金庫・信用組合など協同組織金融機関で多く取り扱う傾向があり、既存の根保証に対する経営者保証対応については早期の対応が望まれるところです。

2 既存の経営者保証契約締結先への説明

　改正監督指針は、経営者保証を徴求する際に、金融機関の判断理由を詳しく説明した上で、説明内容を記録するよう求めていますが、既存の

経営者保証について報告を求めているわけではありません。改正監督指針により、金融機関は融資実行の都度、経営者保証の有無を検討しますが、一度の契約で複数回の融資に対応できる根保証の場合、契約期間内は金融機関と経営者の間で保証の是非について協議することはほぼありません。

　民法は、根保証の最長契約期間を5年と定めています。そうすると5年間は、経営者保証の説明機会が設けられない可能性があることになります。これらを踏まえて、**金融庁は、取引先訪問の際などに経営者保証契約時の判断を伝えるよう促しており、一部金融機関では、すでにその対応を始めています**（ニッキン2023年04月21日、金融庁幹部による「（2023年度）上期中の全先説明などを求めるつもりはないが、なるべく早めに（お願いしたい）」とのコメントもあった）。

Q25 〈事業承継〉

事業承継時の経営者保証の課題と対策はある？

| Answer |

　中小企業・小規模事業者においては、経営者の高齢化が一段と進んでおり、それに伴って休廃業・解散件数が年々増加傾向にあります。その予備軍ともいえる後継者未定企業も多数存在しており、後継者不在により事業承継を断念し、廃業する企業がさらに増加すれば、地域経済の持続的な発展にとって支障を来たすことになりかねません。

　事業承継に際しては、経営者保証を理由に後継者候補が承継を拒否するケースが一定程度あることが指摘されており、その解消が事業承継時の最大の課題といえます。

1 事業承継時の経営者保証解除に向けた総合的な対策の概要

　経済産業省中小企業庁金融課においては、事業承継時に経営者保証が後継者候補確保の障害となっていることを踏まえ、金融機関と中小企業者の双方の取組みを促す、総合的な対策を実施しています。

　事業承継時、引き継がれる経営者保証を可能な限り解除していくため、金融機関と中小企業者の双方の取組みを促すのが、総合的な対策です。対策の内容は、以下のとおりです。

　１．政府関係機関が関わる融資の無保証化拡大

　(1) 商工中金は、ガイドラインの徹底により、一定の条件を満たす企業に対して「原則無保証化」（新規融資に占める無保証融資の割合は、現状の 35％から大幅増加を見込む）〈2020 年 1 月開始〉

　(2) 事業承継時に一定の要件の下で、経営者保証を不要とする新たな信用保証制度を創設。また、専門家による確認を受けた場合、保

証料を軽減し、最大でゼロに（保証協会における管理に必要な費用の一部（約 0.2%）を除く）〈2020 年 4 月開始〉

2. 金融機関の取組みを「見える化」し、融資慣行改革へ

(3) ①事業承継に焦点を当てたガイドラインの特則策定・施行（旧経営者と後継者の二重徴求の原則禁止、保証設定時の事業承継への影響考慮等）〈2019 年 12 月策定・公表、2020 年 4 月運用開始〉

②経営者保証解除に向けた、専門家による中小企業の磨き上げ支援（経理の透明性確保や財務内容の改善等）や ガイドライン充足状況の確認〈2020 年 4 月開始〉

(4) 金融機関の経営者保証なし融資の実績等（ＫＰＩ）を公表

（出所）中小企業庁金融課「事業承継時の経営者保証解除に向けた総合的な対策について」

2 事業承継時における経営者保証についての考え方

　2019年12月には、「事業承継に焦点を当てた経営者保証に関するガイドラインの特則」（経営者保証に関するガイドライン研究会）が策定されています（**Q26** 参照）。経営者保証が事業承継の阻害要因とならないよう、原則として前経営者、後継者の双方からの二重徴求を行わないことなどが盛り込まれており、事業承継時における経営者保証の二重徴求の割合について、2017年度の36.9%から2022年度には3.3%まで改善されました。

　この特則が、主たる債務者、保証人および対象債権者において広く活用されて、経営者保証に依存しない融資の一層の実現に向けた取組み、円滑な事業承継が行われることが期待されます。

Q26 〈事業承継〉
事業承継時に焦点を当てた ガイドラインの特則とは?

| **Answer** |

　2013年12月にガイドラインを公表した、経営者保証に関するガイドライン研究会は、円滑な事業承継への対応が喫緊の課題となるなか、その阻害要因となり得る事業承継時の経営者保証の取扱いを明確化するため、同研究会にワーキンググループを設置し、2019年10月から精力的に検討を行なってきました。そして、2019年12月24日、『事業承継時に焦点を当てた「経営者保証に関するガイドライン」の特則』(以下、「事業承継時特則」という)を公表しました。

　この特則は、ガイドラインを補完するものとして、事業承継時の経営者保証の取扱いについての具体的な着眼点や対応手法などについて定めています。

1 事業承継時特則の役割

　この特則は、中小企業、経営者および金融機関においてガイドラインとともに広く活用され、経営者保証に依存しない融資の一層の実現に向けた取組みが進むことで、円滑な事業承継、ひいては中小企業金融の実務の円滑化を通じて中小企業の活力が一層引き出され、日本経済の活性化の一助となることが期待されています。

　金融庁は、ガイドラインおよび本特則の周知・広報に努めるとともに、金融機関に対して積極的な活用を促すことにより、ガイドラインおよび本特則が融資慣行として浸透・定着していくよう努めていくとしています。

特則における重要ポイントは、以下の5点です。

① 前経営者、後継者の双方からの二重徴求の原則禁止

② 後継者との保証契約は、事業承継の阻害要因となり得ることを考慮し、柔軟に判断

③ 前経営者との保証契約の適切な見直し

④ 金融機関における内部規定等の整備や職員への周知徹底による、債務者への具体的な説明の必要性

⑤ 事業承継を控える事業者における、ガイドライン要件の充足に向けた主体的な取組みの必要性

特に、①については、例外的に二重徴求が許容される事例が4つ挙げられています。

● 前経営者が死亡し、相続確定までの間、亡くなった前経営者の保証を解除せずに後継者から保証を求める場合など、事務手続完了後に前経営者等の保証解除が予定されているなかで、一時的に二重徴求となる場合。

● 前経営者が、引退等により経営権・支配権を有しなくなり、後継者に経営者保証を求めることが止むを得ないと判断された場合において、法人から前経営者に対する多額の貸付金等の債権が残存しており、当該債権が返済されない場合に法人の債務返済能力を著しく毀損するなど、前経営者に対する保証を解除することが著しく公平性を欠くことを理由として、後継者が前経営者の保証を解除しないことを求めている場合。

● 金融支援（主たる債務者にとって有利な条件変更を伴うもの）を実施している先、または、元金等の返済が事実上延滞している先であっ

て、前経営者から後継者への多額の資産等の移転が行われている、または、法人から前経営者と後継者の双方に対し多額の貸付金等の債権が残存しているなどの特段の理由により、当初見込んでいた経営者保証の効果が大きく損なわれるために、前経営者と後継者の双方から保証を求めなければ、金融支援を継続することが困難となる場合。

- 前経営者、後継者の双方から、専ら自らの事情により保証提供の申し出があり、本特則上の二重徴求の取扱いを十分説明したものの、申し出の意向が変わらない場合（自署・押印された書面の提出を受けるなどにより、対象債権者から要求されたものではないことが必要）。

3 後継者との保証契約

　後継者に対して経営者保証を求めることは、事業承継の阻害要因になり得ることから、後継者に当然に保証を引き継がせるのではなく、必要な情報開示を得た上で、保証契約の必要性を改めて検討するとともに、事業承継に与える影響も十分考慮し、慎重に判断することが求められます。

　具体的には、**経営者保証を求めることにより事業承継が頓挫する可能性や、これによる地域経済の持続的な発展、金融機関自身の経営基盤への影響などを考慮し、経営者保証なしの要件の多くを満たしていない場合でも、総合的な判断として経営者保証を求めない対応ができないか真摯かつ柔軟に検討することが求められます。**

　事業承継時特則では、こうした判断を行う際には、以下の点も踏まえて検討を行うことが求められるとしています。

- 主たる債務者との継続的なリレーションとそれに基づく事業性評価や、事業承継に向けて主たる債務者が作成する事業承継計画や事

業計画の内容、成長可能性を考慮すること。

● 規律付けの観点から、対象債権者に対する報告義務等を条件とする停止条件付保証契約等の代替的な融資手法を活用すること。

● 外部専門家や公的支援機関による検証や支援を受け、ガイドラインの要件充足に向けて改善に取り組んでいる主たる債務者については、検証結果や改善計画の内容と実現見通しを考慮すること。

● 中小企業活性化協議会によるガイドラインを踏まえた確認を受けた中小企業については、その確認結果を十分に踏まえること。

　さらに、こうした検討を行った結果、後継者に経営者保証を求めることが止むを得ないと判断された場合、以下の対応について検討を行うことが求められるとしています。

● 資金使途に応じて、保証の必要性や適切な保証金額の設定を検討すること（例えば、正常運転資金や保全が効いた設備投資資金を除いた資金に限定した保証金額の設定等）。

● 規律付けの観点や、財務状況が改善した場合に保証債務の効力を失うこと等を条件とする解除条件付保証契約等の代替的な融資手法を活用すること。

● 主たる債務者の意向を踏まえ、事業承継の段階において、一定の要件を満たす中小企業については、その経営者を含めて保証人を徴求しない信用保証制度を活用すること。

● 主たる債務者が、事業承継時に経営者保証を不要とする政府系金融機関の融資制度の利用を要望する場合には、その意向を尊重して、真摯に対応すること。

4 前経営者との保証契約

　前経営者は、実質的な経営権・支配権を保有しているといった特別の事情がない限り、いわゆる第三者に該当する可能性があります。2020年4月1日からの改正民法の施行により、第三者保証の利用が制限されたことや、金融機関においては、経営者以外の第三者保証を求めないことを原則とする融資慣行の確立が求められていることを踏まえて、保証契約の適切な見直しを検討することが求められます。

　保証契約の見直しを検討した上で、前経営者に対して引き続き保証契約を求める場合には、前経営者の株式保有状況（議決権の過半数を保有しているか）、代表権の有無、実質的な経営権・支配権の有無、既存債権の保全状況、法人の資産・収益力による借入返済能力等を勘案して、保証の必要性を慎重に検討することが必要となります。

　特に、**取締役等の役員ではなく、議決権の過半数を有する株主等でもない前経営者に対し、止むを得ず保証の継続を求める場合には、より慎重な検討が求められます。**

　また、具体的に説明することが必要であるほか、**前経営者の経営関与の状況等、個別の背景等を考慮し、一定期間ごと、または、その背景等に応じた必要なタイミングで、保証契約の見直しを行うことが求められます**（根保証契約についても同様）。

5 債務者への説明内容

　主たる債務者への説明に当たっては、対象債権者が制定する基準等を踏まえ、ガイドラインの各要件に掲げられている要素（外部専門家や中小企業活性化協議会の検証・確認結果を得ている場合はその内容を含む）の、

どの部分が十分ではないために保証契約が必要なのか、どのような改善を図れば保証契約の変更・解除の可能性が高まるかなど、事業承継を契機とする保証解除に向けた必要な取組みについて、主たる債務者の状況に応じて個別・具体的に説明することが求められます。

　特に、法人の資産・収益力については、可能な限り定量的な目線を示すことが望まれます。

　また、金融仲介機能の発揮の観点から、事業承継を控えた主たる債務者に対して、早期に経営者保証の提供有無を含めた対応を検討するよう促すことで、円滑な事業承継を支援することが望ましいでしょう。

　さらに、保証債務を整理する場合であっても、ガイドラインに基づくと、一定期間の生計費に相当する額や華美ではない自宅等について、保証債務履行時の残存資産に含めることが可能であることについても説明することが求められます。

Q27 〈事業承継〉
経営者保証を不要とする事業承継特別保証とは?

| **Answer** |

　事業承継特別保証制度とは、事業承継時の経営者保証解除を促す、円滑な事業承継のための制度です。事業承継の当事者である旧経営者・後継者だけでなく、金融機関にとってもメリットのある制度といえます。

　旧経営者と後継者にとっては、要件を満たせば、経営者保証を徴求されることなく事業承継が可能になります。金融機関にとっては、ニューマネーはもとより、既存の経営者保証付きプロパー融資もこの保証制度で借換えができますから、経営者保証解除の際のリスクを低減させることができます。

　経営者保証を不要とする信用保証制度は、本制度の他にも特例経営力向上関連保証、経営承継準備関連保証、特例地域経済牽引事業関連保証、経営承継借換関連保証があります。

1 経営者保証を不要とする事業承継特別保証

　経営者保証を不要とする新たな信用保証制度は、名称を「事業承継特別保証制度」といいます。経営者保証が不要であり、また、経営者保証ありの既存の借入金（他公庫も含む）についても借換えにより経営者保証を不要にすることが可能な保証制度です。

2 事業承継特別保証制度の概要

　概要は以下のとおりです。

保証限度額　2億8,000万円

第2章 ● 経営者保証の実務　97

資金使途　事業資金

申込人資格要件　次の(1)または(2)に該当し、かつ、(3)に該当する中小企業者

(1) 3年以内に事業承継を予定する事業承継計画を有する法人

(2)事業承継から3年を経過していない法人(2020年1月1日から
　　2025年3月31日までに事業承継を実施した場合に限る)

(3)次の①から④までに定めるすべての要件を満たすこと。

　　①資産超過であること

　　②EBITDA有利子負債倍率が15倍以内であること

　　③法人・個人の分離がなされていること

　　④返済緩和している借入金がないこと(2020年1月31日以降
　　のコロナ禍の一時的な措置を除く)

申込時の添付書類　事業承継計画書、財務要件等確認書、借換債務等確認書(既
往借入金を借換える場合)、他行借換依頼書兼確認書(既往
借入金を借換える場合で、申込金融機関以外からの借入金を
含む場合)、事業承継時判断材料チェックシート(中小企業活
性化協議会の認定を受け軽減信用保証料率の適用を受ける場
合)

　事業承継計画と併せて経営計画を策定し、**資産超過等の要件を満たし
ている取引先に対して事業承継特別保証制度を活用すれば、借換えによ
り個人保証を解除することが可能となるだけでなく、事業性評価融資の
案件組成にもつながります**。

事業再生時、経営者保証はどうなる?

| Answer |

経営者保証は、早期の事業再生を妨げる要因ともなり得ます。債務者企業が債権カットを伴う再生手続を行う場合、経営者に対する保証責任が現実化することになり、その後の再生の足かせになります。

従来、事業再生において、多くの場合は、破産手続により経営者保証債務の処理をすることが一般的でした。しかし、ガイドラインを利用することで、経営者は破産を回避して保証債務を処理しつつ、事案によっては破産手続を利用する場合より多くの財産を手元に残すことができ、再生会社を再び経営することが可能となりました。

また、事業再生が叶わずに会社が破産した場合は、それだけでは経営者は個人の資産について経済的な負担は生じません。しかし、法人や会社の債務について経営者保証を提供していた場合は、個人としても保証債務を引き受けることになります。会社が破産し、経営者保証を提供していた経営者が個人資産では保証債務を支払い切れない場合には、会社と同じく破産を選択するか、もしくはガイドラインを使った保証債務の整理をする選択のどちらかを選びます。

1 ガイドラインを活用した保証債務の整理

経営者である保証人による早期の事業再生等の着手によって、事業再生の実効性の向上等に資するものとして、金融機関にも一定の経済合理性が認められる場合には、債権者の回収見込額の増加額を上限として、一定期間の生計費に相当する額や華美でない自宅などを、経営者たる保証人の残存資産に含めることができる保証債務整理案を検討する必要があります(ガイドライン第7項(3)③)。

ガイドラインは、法律のような強制力を有するものではありませんが、行政当局の関与の下、経営者保証に関するガイドライン研究会により策定されたものであり、金融機関は自主的に尊重し、遵守することが期待されていることから、保証債務の整理についても真摯に検討する必要があります。

2　保証履行時の対応

　ガイドラインに基づく保証債務の整理の対象となる保証人とは、以下のすべての要件を充足している保証人をいいます。

①ガイドラインの適用対象となる保証契約であること

②主たる債務者が、法的債務整理手続（＊1）の開始申立てまたは準則型私的整理手続き（＊2）の申立てをこのガイドラインと同時に現に行い、または、これらの手続きが係属し、もしくはすでに集結していること

＊1 破産手続、民事再生手続、会社更生手続もしくは特別清算手続。
＊2 中小企業再生支援協議会による再生支援スキーム、事業再生ＡＤＲ、私的整理ガイドライン、特定調停等利害関係のない中立かつ公正な第三者が関与する私的整理手続およびこれに準ずる手続き。

③対象債権者にとっても経済合理性がある（破産よりも回収が見込める）こと

④破産法に規定される免責不許可事由がないこと

　一時停止等の要請の対応において、金融機関は、保証債務に関する一時停止や返済猶予の要請に対して、誠実かつ柔軟に対応すべきです。

　また、経営者の経営責任のあり方においては、**金融機関は、結果的に私的整理に至った事実のみをもって、一律かつ形式的に経営者の交代を求めない**ものとします。窮境原因に対する経営者の責任が少ない経営者

が交代することで、事業再生がうまくいかない可能性が高いなど、私的整理申立時の経営者が引き続き経営に携わることに一定の合理性が認められる場合は、経営者に留まることを許容することも必要となります。

保証債務整理の申し出が あったらどう対応する?

| Answer |

　保証債務の整理の申し出があった時は、金融機関は安易に破産手続き
をアドバイスすることなく、ガイドラインを活用した保証債務の整理ができな
いかを検討します。

1 保証債務整理時に関する説明

　ガイドラインに基づく保証債務の整理の申し出は、主たる債務につい
て 準則型私的整理手続(中小企業活性化協議会・事業再生ＡＤＲ・特定
調停等)を利用する場合と、保証債務のみを整理する場合の２パターンに
分かれます。保証債務も原則として、主たる債務と一体整理を図るのが
基本です。

　ガイドラインには、保証債務を整理する場合の、保証人と金融機関の
対応について記載があります。主に、企業が倒産(法的整理)に至り、個
人保証が残った場合の個人保証債務の整理と、企業と個人保証を一体と
して整理(準則型私的整理)をする場合の各当事者の対応や手続きをまと
めています。

2 保証債務の整理に当たっての対応

　ガイドラインでは、保証人の手元に残す資産の範囲についての考え方
についても整理されています。

(1) 保証人の手元に残す資産の範囲

保証人が表明保証（資力に関する情報を誠実に開示し、その内容の正確性を保証すること）を行い、支援専門家（代理人弁護士、顧問税理士等）からの適正性についての確認がある場合、金融機関は、保証債務の履行にあたって保証人の手元に残す資産の範囲について、以下の事項を総合的に判断して決定します。

① 保証履行能力や従前の保証履行状況

② 債務不履行に至った責任の度合い

③ 経営者たる保証人の経営資質、信頼性

④ 事業再生計画等に与える影響

⑤ 破産手続きにおける自由資産の考え方（債務整理後取得した財産、生活に欠くことのできない家財道具等、現金 99 万円など）や民事執行法に定める標準的な世帯の必要生計費（1 ヵ月あたり 33 万円）の考え方との整合

(2) 事業継続等のために必要な一定期間の生計費や自宅等について残存資産に含めることを希望する場合

また、保証人が安定した事業継続等のために必要な一定期間の生計費に相当する額や、華美でない自宅等について残存資産に含めることを希望した場合、金融機関は、保証人の手元に残す資産の範囲についての考え方に即して、その資産を残存資産に含めることについて、真摯かつ柔軟に検討します。

保証債務の一部履行後に残った保証債務の取扱いに関する考え方では、準則型私的整理手続きの保証人が要請する保証債務の弁済計画案は、以下の事項を記載します。

① ガイドラインで整理する理由

② 財産の状況

③原則５年以内の保証債務弁済計画

④資産の換価・処分の方針

⑤要請する保証債務の減免、期限の猶予その他の権利変更の内容

⑵に対して、金融機関は、以下のすべての要件を充足する場合に、保証人からの保証債務の一部履行後に残存する保証債務の免除要請について誠実に対応します。

①表明保証がありその適正性についての確認があること

②保証人が自らの資力を証明するために必要な資料を提出すること

③弁済計画が金融機関にとっても経済合理性があること

④表明保証が事実と異なる場合は保証が復活する旨の書面での契約をすること

　このガイドラインは、遡及的には適用されませんので、保証人が適用日以前に保証債務の履行として弁済したものについては、保証人に返還できません。策定した弁済計画が履行できなかった場合は、弁済計画の返済計画の変更等について誠実に協議を行います。

3　信用情報機関への登録

　金融機関は、弁済計画が合意に至った時点、または、分割弁済の場合残債完済時点で、「債務履行完了」として登録し、信用情報機関への事故情報の登録は行ってはいけません。

〈事業再生・管理・回収〉

Q30 中小企業の事業再生等に関するガイドラインとは？

| Answer |

中小企業の事業再生等に関する研究会（事務局：一般社団法人全国銀行協会）は、2021年6月に公表された「成長戦略実行計画」を受け、中小企業の事業再生等に関するガイドラインを策定するために、同年11月から、精力的に検討を行い、2022年3月に「中小企業の事業再生等に関するガイドライン」（以下、「事業再生ガイドライン」という）を取りまとめました。

事業再生ガイドラインは、中小企業者の「平時」や「有事」の各段階において、中小企業者・金融機関それぞれが果たすべき役割を明確化し、事業再生等に関する基本的な考え方を示すとともに、より迅速に中小企業者が事業再生等に取り組めるよう、新たな準則型私的整理手続である「中小企業の事業再生等のための私的整理手続」を定めています。

1 事業再生ガイドライン制定の背景

我が国の中小企業数は、2016年時点で約357.8万社となっており、全企業数のうち99.7%を占めます。その従業者数は約3,220万人で、全従業者数の68.8%を占めています。そのような状況下において、2022年以降に拡大した新型コロナウイルス感染症は、我が国経済に対しても甚大な影響をもたらしましたが、特に中小企業者において、その影響は大きいものでした。

経営改善・事業再生に取り組む中小企業者がこうした難局を乗り切り、持続的成長に向けて踏み出していくためには、債務者である中小企業者と債権者である金融機関等が、お互いの立場をよく理解し、共通の認識の下で、一体となって事業再生等に向けた取組みを進めていくことが重

要であることから、事業再生ガイドラインが制定されました（事業再生ガイドライン1．より）。

2　中小企業の事業再生等に関するガイドラインの構成

事業再生ガイドラインは、次の2つの目的から構成されています。

目的1　中小企業者の「平時」、「有事」、「事業再生計画成立後のフォローアップ」、各々の段階において、中小企業者、金融機関それぞれが果たすべき役割を明確化し、中小企業者の事業再生等に関する基本的な考え方を示した。

目的2　2020年以降に拡大した新型コロナウイルス感染症による影響からの脱却も念頭に置きつつ、より迅速かつ柔軟に中小企業者が事業再生等に取り組めるよう、新たな準則型私的整理手続「中小企業の事業再生等のための私的整理手続」を定めることにある。この手続きは、第三者の支援専門家が、中立かつ公正・公平な立場から、中小企業者が策定する事業再生計画や弁済計画の相当性や経済合理性等を検証すること等を通じて、中小企業者や金融機関等による迅速かつ円滑な私的整理手続を可能とすることを目的としている。

事業再生ガイドラインと経営者保証に関するガイドラインの活用等を通じて、中小企業者と金融機関の間における継続的かつ良好な信頼関係の構築・強化、中小企業金融の円滑化および中小企業者のライフステージにおける中小企業者の取組み意欲の増進を図り、中小企業者の活力が一層引き出されることを目的としています。

Q31 廃業時におけるガイドラインの基本的考え方とは？

| Answer |

　2022年3月、経営者保証に関するガイドライン研究会は、「廃業時における『経営者保証に関するガイドライン』の基本的考え方」（以下、「廃業時の考え方」という）を取りまとめました。

　これは、中小企業の廃業時に焦点を当て、中小企業の経営規律の確保に配慮しつつ、現行のガイドラインの趣旨・内容を明確化し、ガイドラインに基づく保証債務整理の進め方を整理するとともに、主たる債務者・保証人、対象債権者および弁護士等の支援専門家について、中小企業の廃業時におけるガイドライン活用の観点から求められる対応を明記したものです。

　ガイドラインの趣旨・内容について、変更を加えるものではなく、現行の経営者保証に関するガイドラインの趣旨を明確化したものといえます。

1　対象債権者の範囲

　「廃業時の考え方」では、対象債権者の範囲としてリース債権者と固有債権者を挙げています。

　ガイドラインには、リース債権者についての明文規定がありません。リース債権者を対象債権者とするかについては実務上問題となることがあり、ここで明確化されています。

　また、固有債権者とは、例えば、保証人に住宅ローンを含むその他の固有債務があり、当該固有債務が保証人の弁済計画の履行に重大な影響を及ぼす場合、当該債務の債権者をいいます。

　廃業時の考え方では、**固有債権者について、保証人から債務整理に関**

する協議を求められた場合、ガイドラインの趣旨を考慮しつつ、誠実に対応することが望ましいとしています。協議の結果、当該固有債権者が経営者保証ガイドラインに基づく対象債権者となる場合は同ガイドラインに沿った処理を行い、対象債権者に含まれない場合であっても、保証人から当該固有債務の整理に関する協議を求められたときは、誠実に対応することが期待されます。また、固有債務がある場合にも、経営者保証ガイドラインに基づく債務整理の余地があることを明らかにしました。

2 関係者における対応の指針

「廃業時の考え方」では、ガイドラインの要件や考慮要素を前提に、特に、中小企業の廃業時に、対象債権者・主たる債務者および保証人・支援専門家が、具体的にどのような対応を取るべきかの指針が示されました。

このとおり、廃業時の考え方は、中小企業の廃業時における代表者等の保証債務の整理について、ガイドラインを積極的に活用していくための指針を明確に示したものといえます。

第 **3** 章

経営者保証に代わる
新しい融資手法

停止条件または解除条件付き保証契約とは?

| **Answer** |

　停止条件付保証契約とは、主たる債務者がコベナンツ(特約条項)に抵触しない限り保証債務の効力が発生しない契約のことです。

　解除条件付保証契約とは、主たる債務者がコベナンツ(特約条項)を充足する場合は保証債務が効力を失う契約のことです。

1 停止条件または解除条件付き保証契約とは

　停止条件または解除条件付き保証契約をわかりやすく言い換えると次のようになります。

停止条件付保証契約　　主たる債務者が特約条項(コベナンツ) を破らない限り、保証責任を負わなくてよい契約。

　　　　　▶簡潔に言うと、「試算表などの財務状況に関する書類について報告している限り、保証責任を負わない」というもの。

解除条件付保証契約　　主たる債務者が特約条項(コベナンツ) を充足する場合は、保証債務の効力が失われる保証契約。

　　　　　▶簡潔に言うと、「主たる債務者が特約条項(コベナンツ) を満たした場合は、経営者保証をしなくてもよい」もしくは「一定期間の間に主たる債務者が特約条項(コベナンツ)に決められた内容をきちんと行えば、保証契約が解除されて責任を免れる」というもの。

2 特約条項(コベナンツ)の主な内容

「Q&A」では、停止条件または解除条件付保証契約の特約条項(コベナンツ)の主な内容は、具体的な内容は個別案件における当事者間の調整により確定されるものの、以下の例示をしています。

・役員や株主の変更等の対象債権者への報告義務(役員や株主の変更などがあった場合に、金融機関に報告しなければならない)
・試算表等の財務状況に関する書類の対象債権者への提出義務(試算表などの財務状況に関する書類について、金融機関に提出しなければならない)
・担保の提供等の行為を行う際に対象債権者の承諾を必要とする制限条項(担保の提供などを行う場合、金融機関の承諾を得なければならない)
・外部を含めた監査体制の確立等による社内管理体制の報告義務等(外部機関を含めての監査体制を確立するなど、社内の管理体制について金融機関に報告しなければならない)

この例示の具体的なイメージは、次のようなものです(参考:商工中央金庫の停止条件付保証契約の特約条項)。

※仮に表明保証が真実でなかった場合、報告、届出、承諾、確約事項の義務違反が生じた場合等において、代表者が債務者と連帯して保証する旨の契約を、あらかじめ債務者および代表者、金融機関との間で締結している。

1.真実性の表明、保証
債務者および代表者が、以下の事項について、真実に相違ないことを表明し、保証。
(例)・計算書類等が正確かつ適法に作成されていること
・事業が関係諸法令に違反していないこと
2.財務状況等の報告

債務者が、以下の資料を一定の期限までに提出することを約束。また、代表者は、資料の真実性を表明し、保証。

（例）・○ヵ月ごとの試算表

・○ヵ月ごとの各取引金融機関からの借入残高の一覧表

・各事業年度の計算書類等

3．報告、届出事項の取決め

債務者および代表者が、以下の事項について、報告、届出することを約束。

（例）・商号、代表者、主たる事務所、役員等の変更

・訴訟、行政手続、その他の紛争等の開始

・財産、経営、業況の重大な変化の発生

4．承諾事項の取決め

債務者および代表者が、以下の事項について、事前承諾がない限り行わないことを約束。

（例）・減資、合併、会社分割

・重要な資産、事業の譲渡

・経営状況、財務内容に重大な影響を及ぼすおそれのある行為

5．確約事項の取決め

債務者および代表者が、以下の事項について、確約。

（例）・主たる事業に必要な許認可等を継続すること

・すべての法令を遵守して事業を継続すること

（出所）「参考事例集」31頁を基に作成

　さらに、「Ｑ＆Ａ」の例示に基づいて具体的に契約書に記載する例として、中小企業における個人保証等の在り方研究会の「停止条件付連帯保証に関する合意書」第3条が参考になります。

　中小企業における個人保証等の在り方研究会は、個人保証制度の課題を整理し、中小企業金融の実務の円滑化に資する具体的な政策的出口を検討するため、中小企業庁に設置されたものです。

　この合意書では、事業および財務状況の提出の項目として、以下のも

のが列記されています。

① 1年間の月別資金繰予定表

② 1年間の月別収支計画

③ 6ヵ月間の見込日繰予定表

④各月の資金繰実績表

⑤各月の資金繰予定表

⑥各月の試算表

⑦各月末現在の売掛金元帳の写し

⑧各月末時点における各取引金融機関に対する借入残高の一覧表

⑨各事業年度の子会社・関連会社を含む計算書類および附属明細書および確定申告書の写し

⑩各事業年度の子会社・関連会社を含む財産、経営または業況についての報告書

(出所)中小企業における個人保証等の在り方研究会「停止条件付連帯保証に関する合意書」
第3条より作成

　この合意書では、かなり詳細な項目が記されていますが、どこまで透明性の確保を求めるかにおいてはケースバイケースの対応となります。

　実務では、会社の状況をしっかりと把握できる資料は何かを吟味することで、過度に厳しい財務状況の提出義務は避け、経営者保証なしの融資の前向きな検討をすることが求められます。

3 停止条件または解除条件付き保証契約の活用

　参考事例集から、代表的な停止条件または解除条件付き保証契約の活用事例をみてみましょう。

事例 1 経営者保証の機能の代替として停止条件付保証契約を活用した
E社の事例（地域銀行）

1. 主債務者および保証人の状況、事案の背景等

● E社は、各種帳票の特殊印刷（主に損害保険会社向け保険約款）を中心に、ロールペーパーの製造、一般印刷も手がけている。

● 近年の保険契約におけるネット通販化やウェブ手続きによるペーパーレス化を背景とした主力取引先からの値下げ圧力等から、大幅な減収・赤字となり、既存のシンジケート・ローンの財務制限条項に抵触するまで業績が悪化した。

● このため、外部コンサルを導入し、安定受注の確保と経費削減を骨子とした「経営改善5ヵ年計画」を策定したところ、経営改善計画1期目は、売上の減少に歯止めがかからなかったものの、利益面では計画を達成した。

● このように業績が改善傾向にあるなか、期限一括返済としていた既存のシンジケート・ローンの期限到来によってリファイナンスを行うにあたり、当行からガイドラインの内容を説明したところ、E社から経営者保証を求めないでほしい旨の申し出があった。

2. 経営者保証に依存しない融資の具体的内容

● 当行での検討においては、E社は経営改善計画を遂行中であり、法人のみの資産・収益力での借入金の返済は難しい状況にあるものの、以下のような点を勘案し、特約条項（注）に抵触しない限り保証契約が発生しない停止条件付連帯保証契約を活用することとした。なお、本対応については、シンジケート・ローンの協調融資行とも協調の上行っている。

　①外部コンサルによる計画策定やモニタリングの徹底により、透明性の高い経営がなされていること

　②経営改善計画2期目の計画達成も視野に入ってきているなど、一定の経営改善が図られてきていること

（注）特約条項の主な内容
・いずれかの表明事項が真実でないことが判明したこと

・借入人または保証人の本契約上の義務違反が発生したこと（純資産維持、2期連続赤字回避等の財務特約条項を含む）

・保証人による財産、経営または業況に関する虚偽の開示がなされたこと

● また、弁護士の指導により、保証債務の整理に関して、「保証人がガイドラインに則った整理を申し立てた場合、各貸付人およびエージェントはガイドラインに基づき、当該整理に誠実に対応するよう努める」旨の規定を保証契約に盛り込んだ。

● 今回の対応により、今後のE社の経営に関する規律づけと情報開示等によるさらなるリレーションシップの強化が期待できる。

（「参考事例集」事例26より）

事例 2

経営者保証の機能の代替として解除条件付保証契約を活用した F社の事例（地域銀行）

1. 主債務者および保証人の状況、事案の背景等

● F社は、業暦30年超の食品製造業者。毎期30億円程度の売上を計上しており、業況は堅調に推移している。一方で、生産設備への投資のため借入金の水準は高く、実態の自己資本比率は3%程度と財務面はやや見劣りする状況である。

● F社は、利益率の高い商品の生産拡大を目的とし、工場設備の増設、更新を計画しており、当行および以前から取引のある政府系金融機関に対して資金借入の申し出があった。

2. 経営者保証に依存しない融資の具体的内容

● F社からの申し出を受け、営業店内でガイドラインに則して経営者保証の必要性を検証した。

● F社は、財務面が低位であるうえ、借入金返済によるキャッシュフロー悪化の懸念があるものの、商品の採算性向上により今後の改善が見込まれることから、当行所定の「解除条件付保証契約」を活用することとした。

〈当行所定の「解除条件付保証契約」における主な特約事項〉

▶一定の期間にわたる月次の試算表、金融機関取引状況等の資料提出

▶「税理士法第33条の2第1項に規定する確定申告書添付書面」に「法人と経営者個人の資産、経理が明確に分離されている」旨の記載があること

▶2期連続の自己資本比率30%以上確保

▶有利子負債償還年数5年以内

● 保証契約締結時に、F社代表者より「自己資本比率30%は高いハードルだが、当社としても経営計画上の目標としており、目指すところは銀行と同じ」である旨の発言があった。

●「解除条件付保証契約」を利用して経営者保証を解除できる条件を提示することにより、地場中小企業の成長支援を行った事例。

（「参考事例集」事例25より）

Q33 ABL（動産担保）は経営者保証の代替となる?

| Answer |

　ABLは、ガイドラインにおいて、経営者保証に代替する融資手法として取り上げられています。ABLについては、積極的な活用をしている金融機関と消極的な金融機関があり、その取組みに大きな差がみられますが、経営者保証に代替する融資として今後さらなる普及も想定されることから、担当者としては確実な知識を身につけておく必要があります。

1 ABLとは

　ABLとは、

　　Asset（企業の保有する資産）

　　Basad（を基にした）

　　Lending（融資／ファイナンス）

　の頭文字をとった略称で、**企業の事業価値を構成する在庫（原材料、商品）や機械設備、売掛金等の資産を担保とする融資**です（経済産業省「ABLのご案内」）。

　ABLは、保証や不動産担保に過度に依存しない取組みとして注目されましたが、一部の金融機関を除いてなかなか普及しませんでした。近年では、太陽光発電事業における発電設備や売電債権を活用したABLの取組みにより、ABLを活用する金融機関が多いようです。

　また、以前は、ABLの推進が、企業の信用度が低下している要管理先・破綻懸念先に対して、在庫・売掛金等の価値を見込んで融資するというスタンスでもあったため、デフォルトする確率も高く、普及が遅れたという背景もありました。

しかし、ABLの本質は、**金融機関等と取引先企業が、お互いの信頼関係に基づいて密接なコミュニケーションを取りながら、企業が持つ原材料や商品、売掛金等を担保の対象とし、実質的には、モニタリングをとおした取引先企業の実態把握と事業性評価を担保として行われる融資**です。そうしたことから、ABLは、経営者保証に代替する融資手法として再注目されているのです。

2 ABLの特徴

ABLには、5つの特徴があります（経済産業省「ABLのご案内」）。

①不動産資産がない企業でも融資を受けられる可能性が高まる。

②貸し手の審査や企業側の登記手続きに一定の時間が必要である。

③経営管理の効率化、在庫管理コストの低下につながる。

④貸し手に対して担保にした在庫や売掛金等の増減を定期的に報告する義務がある。

⑤担保にした資産の状況等を貸し手と共有すること（貸し手への報告業務）で、事業に対する深い理解を得られ、安定的に資金を確保できる。また、業績に合った経営へのアドバイスを受けられる。

▶**①について**

①については、「経営者保証を提供しなくても融資を受けられる可能性が高まる」と読み替えることもできます。

▶**②について**

②の登記手続きについては、平成17年10月3日から、動産譲渡登記制度の運用が開始されています。この制度の特徴は、**図**に記載のとおりですが、将来発生する売掛債権を一括して担保として取得することができ、集合動産（例えば、倉庫の中にある商品）についても、一括して担保に取ることができます。

また、将来発生する債権の総額を決める必要もなく、将来発生する債権の種類を記載すればよいなど、金融機関にとって安定的な法整備がなされています。

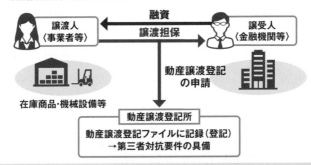

図 **動産譲渡登記制度の特徴**

融資
譲渡担保

譲渡人〈事業者等〉 → 譲受人〈金融機関等〉

在庫商品・機械設備等

動産譲渡登記の申請

動産譲渡登記所
動産譲渡登記ファイルに記録（登記）
→第三者対抗要件の具備

- 動産譲渡登記ファイルに記録（登記）することにより、動産の譲渡について引渡し（民法第178条）があったものとみなされ、第三者対抗要件が具備される
- 動産譲渡登記の対象となる動産の譲渡人は、法人のみに限定される
- 譲渡の目的（担保目的譲渡か、又は真正譲渡か）に限定はない
- 個別動産、集合動産のいずれの譲渡も、登記することができる
- 代理人（倉庫業者等）が動産を占有する場合も、登記することができる

（出所）法務省ウェブサイト

　登記は東京法務局中野庁舎のみで行われます。登記費用は、登録免許税7,500円＋司法書士手数料と、それほど高額ではありませんから、今では司法書士に不動産登記と同じように依頼できる状況になっています。

▶③〜⑤について

　③〜⑤については、ABL融資において最重要なモニタリングに関連することです。多くの金融機関において、担当者は一度融資をしてしまうと、その後の期中管理は信用不安が起きない限り行われないのが普通です。

　しかし、ABLでは、お客様の製品や商品の生産・販売状況、在庫の状況、

動産の稼働状況、太陽光の発電状況などのモニタリングを定期継続して行います。こうして債務者とコミュニケーションを取りながら事業性評価や商流を把握するABLは、まさしく経営者保証に代替する融資といえます。

3 ABLの活用方法

ここで、事例を用いてABL活用方法をイメージしてみましょう。

事例 在庫の特性を踏まえABLを活用して、経営者保証を求めなかったG社の事例（地域銀行）

1. 主債務者および保証人の状況、事案の背景等

● 人形・仏壇の小売業者であるG社は、雛人形・五月人形で多くのオリジナル商品を取り扱っており、県内での知名度も非常に高い。また、近年、県外にも店舗展開し、売上げの増加を図っている。

● 今般、メイン銀行である当行に対し、増加運転資金の申込みあり。その際、「経営者保証ガイドライン」に基づき、経営者の保証を提供しないことが可能か合わせて検討してほしいとの依頼があった。

2. 経営者保証に依存しない融資の具体的内容

● G社は、法人のみの資産・収益力で借入返済が十分可能であったものの、法人と経営者個人の資産・経理が明確に分離されておらず、また、適時適切な情報開示により経営の透明性が確保されていないなど、ガイドラインの要件を十分に満たしていなかった。

● こうしたなか、当行は、G社の取り扱う商品の売上げが特定の時期に集中するため、平均月商に比して在庫が多いという特性や、G社の商品がブランド化されており在庫の固定化の懸念が小さいこと、また、今後も安定した業績が見込まれることから、ABLによる当座貸越枠で増加運転資金に対応する

こととした。

● ABLを活用することで、経営者保証を提供せずに資金調達を行いたいとのG
社のニーズにも応えることができた。

（「参考事例集」事例19より）

　これは、経常（正常）運転資金対応見合いの部分を短期継続融資である
当座貸越にて、経営者保証によらず、融資を行ったという好事例といえ
ます。

金利の一定の上乗せはOK?

| Answer |

　経営者保証に代替する融資手法の一つに、金利の一定の上乗せがあります。

　どのように上乗せ金利を設定するかについては、各金融機関が独自に設定するものですが、例えば、日本公庫の経営者保証免除特例制度では、保証人免除を受けた貸付けについては0.2％が上乗せされます。また、スタートアップ創出促進保証では、経営者保証免除のため、各信用保証協会所定の創業関連保証の保証料率に0.2％が上乗されています。

1 　経営者保証を求めないことによる信用リスクの増大

　どのように金利を設定するかについては、Q&Aに次のような記述があります（「Q&A」Q4-12より）。

　「経営者保証を求めないことによる信用リスクの増大は、法人の社内管理体制等経営改善の状況や、法人の規模、事業内容、収益力等によって異なってくるため、そのリスクに見合った適切な金利が個別に設定されることになります」

　金融機関においては、**一律に何％と決めるのではなく、個別の債務者に対し、経営者保証を求めないことによる信用リスクの増大に応じて個別に設定されることが基本**となります。

　なお、金利の一定の上乗せを提案した結果、最終的に主たる債務者および保証人が、経営者保証を提供することを選択した場合でも、金融機関は保証契約の必要性等について丁寧かつ具体的に説明するとともに、適切な保証金額の設定に努めることが求められます。

2 日本公庫と信用保証協会の対応

　金利の一定の上乗せは、日本公庫においては経営者保証免除特例制度として実施されています。一定の要件を満たす場合0.2％が上乗せされ、経営者保証が免除されるという制度です。

　一定の要件とは、次の１から３までのいずれかの要件を満たしており、経営状況等から借入返済が可能と見込まれる法人です。

1．次の①から③までの全ての要件を満たす方。ただし、「物的担保の提供をいただく場合」は①の要件を、「新規開業後おおむね５年以内であって、技術・ノウハウ等に新規性がみられる方等（注）」は、①および②の要件を満たしていれば利用できる。

①法人と代表者の一体性の解消が一定程度図られていることについて、公庫において確認ができること（事業上の必要が認められない法人から経営者への貸付金等がないことをいう）。

②税務申告を２期以上実施していること。また、公庫からの普通貸付または生活衛生貸付の借入がある場合は、取引状況に問題がないこと（公庫との取引の返済に、遅延がないことをいう）。

③減価償却前経常利益が直近２期連続赤字ではなく、かつ、直近の決算で債務超過ではないこと。

2．取引金融機関において、代表者保証の免除に関する協調対応が見込める方、または、取引金融機関から代表者保証を免除された借入れの残高のある方

3．事業承継・集約・活性化支援資金または生活衛生事業承継・集約・活性化支援資金を適用して、融資を受けられる方

（注）　知的財産権等を利用した事業、特定の補助金を活用した事業（ものづくり補助金等）、ＶＣ・ファンドから出資を受けた事業、エンジェル税制対象企業が行う事業、J-StartupプログラムまたはJ-Startup地域版プログラムに選定された企業が行う事業、事業再構築補助金を活用した事業、新たな技術・サービス等を活用した事業で一定の成長性が認められるもの、のいずれかの事業を行う方。

　上乗せ利率は、適用する融資制度の利率に0.2％が上乗せされます（ただし、事業承継・集約・活性化支援資金もしくは生活衛生事業承継・集約・活性化支援資金を適用してご融資を受けられる方、十分な物的担保を提供される場合は上乗せはなく、「新規開業後おおむね５年以内であって、技術・ノウハウ等に新規性がみられる方等」の上乗せ利率は0.1％となります）。

　また、信用保証協会のスタートアップ創出促進保証制度（2023年３月15日より実施）においては、0.2％の保証料の上乗せがなされることで、経営者保証が免除されています。

3　金利の一定の上乗せ商品の創設の事例

　ここでは、「組織的取組事例集」（**Q12**参照）から金利の一定の上乗せ商品の創設の事例をみてみましょう。

金利の一定の上乗せ商品の創設（信用金庫）

● 当庫の取引先は零細企業が多く、ガイドラインの項目に合致し無保証融資を適用できる先が少ないことから、無保証融資促進を目的とした独自の「経営者保証ガイドライン促進制度」を創設。当制度は、従来のガイドラインの項目に合致しない先についても、地域金融機関の強みを生かし、代表者との信頼関係、事業の継続性、取引状況、格付等の一定条件を満たし、かつ

希望する先について、金利上乗せにより無保証融資が促進できる制度。

〈制度の目的〉

　経営者保証には経営者への規律づけや信用補完として資金調達の円滑化に寄与する一方、経営者による思い切った事業展開や早期の事業再生等を阻害する要因となっているなど、保証契約時・履行時等において様々な課題が存在する。これらの課題を解消し中小企業の活力を引き出すため、ガイドラインが施行され、取組んでいるが、該当しない先についても当庫独自の一定条件を満たす場合は経営者保証を付さない融資を行うことにより、経営者保証に依存しない融資の一層の促進を図るとともに地域経済の活性化に資することを目的とする。

〈適用の一定条件〉

● 事業実績が一定期間の経歴がある先
● 融資取引が継続して一定期間の実績がある先
● 経営者の資質や経営能力が把握できている先
● 事業の継続性が見込める先
● 外部格付が一定以上の先

〈金利上乗せ条件〉

● 外部格付を活用した算出金利または通常取引金利を基準とした上乗せ対応とし、上乗せ金利は格付に応じ段階を設ける。

〈推進スタンス〉

● 現在、新規案件毎に作成している「「経営者保証等の必要性確認チェックリスト」を改訂し、新たに「経営者保証等の必要性確認兼GL促進制度チェックリスト」を作成する。
● チェックリストにより、経営者保証GLには該当しないものの、GL促進制度に該当する先については、必ず本制度の説明および利用の提案を行う。
● 本制度は積極的な推進態勢とはせず、利用の有無については申込人の判断を尊重する。

（「取組事例集」事例24より）

経営者保証の解除を選択できる信用保証制度の創設とは?

| Answer |

　創業時の経営者保証を不要とする新しい信用保証制度として、「スタートアップ創出促進保証制度」が2023年3月15日より開始されました。

　これは、2022年6月7日に閣議決定された「新しい資本主義のグランドデザイン及び実行計画」を踏まえたもので、経営者保証が創業の阻害要因とならないための信用保証制度です。

1 制度創設の背景

　起業・創業は、経済の発展・新陳代謝に欠かせないものですが、失敗した時の経営者保証による大きなリスクを考えると、起業・創業をためらうというケースも存在します。起業・創業を考える人の多くは、個人保証を抱えることをリスクと考えていることから、それが創業に踏み切れない要因にもなっています。

　これまで、無担保・無保証人での融資には、日本公庫による創業融資制度などがありました。これらに加えて、経営者保証を不要とする創業時の新しい信用保証制度として、「スタートアップ創出促進保証制度」が創設され、民間金融機関融資でも利用が開始されたものです。

2 制度概要

　「スタートアップ創出促進保証制度」の概要とポイントは以下のとおりです。

保証対象者	・創業予定者（これから法人を設立し、事業を開始する具体的な計画がある者） ・分社化予定者（中小企業にあたる会社で事業を継続しつつ、新たに会社を設立する具体的な計画がある者） ・創業後5年未満の法人 ・分社化後5年未満の法人 ・創業後5年未満の法人成り企業
保証限度額	3,500万円 ← 運転資金および設備資金の両方に使える
保証期間	10年以内
据置期間	1年以内（一定の条件を満たす場合には3年以内）← 資金が特に必要な創業期に、資金の心配をせずに事業に集中できる
金　利	金融機関所定
保証料率	各信用保証協会所定の創業関連保証の保証料率に0.2％上乗せした保証料率 ← 担保・保証人不要の代わりとなる
担保・保証人	不要
その他	・創業計画書（スタートアップ創出促進保証制度用）の提出が必要。 ・保証申込受付時点において税務申告1期未終了の創業者にあっては、創業資金総額の10分の1以上の自己資金を有していることを要する。← 要注意 ・本制度による信用保証付融資を受けた方は、原則として会社を設立して3年目および5年目のタイミングで中小企業活性化協議会による「ガバナンス体制の整備に関するチェックシート」（後述）に基づいた確認および助言を受けることを要する。

3 「ガバナンス体制の整備に関するチェックシート」について

　本制度の大きな特徴として、融資後には、原則として会社を設立して3年目および5年目のタイミングで、中小企業活性化協議会による「ガバナンス体制の整備に関するチェックシート」（**図**）に基づいた確認および

助言を受ける必要があります。

　これは、企業が創業期から次のステージに移行するにつれてガバナンス向上の取組みが期待されるなか、創業期の中間期・終期のタイミングにおいて、中小企業活性化協議会の統括責任者などによる助言や必要に応じて磨き上げ支援を受けることで、創業者の持続的な成長と中長期的な企業価値の向上につなげてもらうことを目的とするものです（中小企業庁ウェブサイト「経営者の個人保証を不要とする創業時の新しい保証制度（スタートアップ創出促進保証）を開始します。」より）。

　スタートアップ企業のデスバレー（死の谷）は、3～5年目といわれますが、本制度により融資を受けた中小企業者は、会社を設立して3年目および5年目中に中小企業活性化協議会の窓口相談にて収益力改善への取組みの必要性確認およびガバナンスチェックを行なうことにより、死の谷の克服を目指します。

図 ガバナンス体制の整備に関するチェックシート

【スタートアップ創出促進保証制度用】 　　　　　　　　　　　　　令和5年3月15日制定
信用保証協会 御中

ガバナンス体制の整備に関するチェックシート

住所		作成日	令和 西暦	年	月	日
企業名		（　　　　　　　）中小企業活性化協議会				
代表者名		担当者	（			）
設立日	年　　月　　日	電話番号	（			）

	項目内容		チェックポイント（◎は特に重要な項目）	チェック欄
経営の透明性	経営者へのアクセス	◎	支援者が必要なタイミング又は定期的に経営状況等について内容が確認できるなど経営者とのコミュニケーションに支障がない。	
	情報開示	◎	経営者は、決算書、各勘定明細（資産・負債明細、売上原価・販管費明細等）を作成しており、支援者はそれらを確認できる。	
		◎	経営者は税務署の受領印（電子申告の場合、受付通知）がある税務関係書類を保有しており、支援者はそれらを確認できる。	
			経営者は試算表、資金繰り表を作成した上で、自社の経営状況を把握する。また、支援者からの要請があれば提出する。	
	内容の正確性	◎	経営者は日々現預金の出入りを管理し、動きを把握する。例えば、終業時に金庫やレジの現金と記帳残高が一致するなど収支を確認しており、支援者は経営者の取組を確認できる。	
			支援者は直近3年間の貸借対照表の売掛債権、棚卸資産の増減が売上高等の動きと比べて不自然な点がないことや、勘定明細にも長期滞留しているものがないことを確認する。	
			経営者は、会計方針が適切であるかどうかについて、例えば、「「中小企業の会計に関する基本要領」の適用に関するチェックリスト」等を活用することで確認した上で、会計処理の適切性向上に努めており、支援者はそれを確認できる。	
法人個人の分離	資金の流れ	◎	支援者は、事業者から経営者への事業上の必要が認められない資金の流れ（貸付金、未収入金、仮払金等）がないことを確認できる。	
		◎	支援者は、経営者が事業上の必要が認められない経営者個人として消費した費用（個人の飲食代等）を法人の経費処理をしていないことを確認できる。	
			経営者は役員報酬について、事業者の業況が継続的に悪化し、借入金の返済に影響が及ぶ場合、自らの報酬を減額する等の対応を行う方針にあり、支援者はそれを確認できる。	
	事業資産の所有権		経営者が事業活動に必要な本社・工場・営業車等の資産を有している場合、支援者は法人から経営者に対して適正な賃料が支払われていることを確認できる。	

	項目内容		項目例	t-2期	t-1期	t期	目安	チェック欄
財務基盤の強化	債務償還力	◎	EBITDA有利子負債倍率				15倍以内	
	安定的な収益性	◎	減価償却前経常利益				2期連続赤字でない	
	資本の健全性	◎	純資産額				直近が債務超過でないこと	

【必須書類】
・決算書
【任意書類】
・事業資産の所有者が決算書で説明できない場合：所有資産明細書等
・事業用資産を経営者が有している場合適切な賃料が支払われているかの確認資料：賃貸借契約書等（写しでも可）
・貸付金等がある場合、一定期間での解消意向を説明する確認資料：金銭消費貸借契約書、借用書等（写しでも可）
・「中小企業の会計に関する基本要領」チェックリスト、税理士法第33条の2に基づく添付書面、事業計画書等、
　社内管理体制図、監査報告書、試算表、資金繰り表

（金融機関使用欄）
事業者がガバナンス体制の整備に関するチェックを受けたことを確認しました。

チェック内容に対する金融機関（または担当者）所見

記入日		年　　月　　日
協会顧客番号		
金融機関本・支店名		
担当者		
電話番号		

（出所）中小企業庁ウェブサイト

事業成長担保権と経営者保証の関係は?

| **Answer** |

　事業成長担保権とは、法人の債務を担保するために設定する担保権で、その目的物は、動産、債権のほか、契約上の地位、知的財産権、のれん等事業全体を包括的に担保権の対象とする新たな担保制度として、現在導入に向けた検討が進められているものです。

　この新たな担保権が整備されることにより、経営者保証に依存しない融資慣行の実現にもつながると期待されます。

1 事業成長担保権とは

　新しい概念の担保権ともいうべき事業成長担保権の議論が始まったのは、金融庁に「事業者を支える融資・再生実務のあり方に関する研究会」が設置された2020年11月4日です。その後、金融機関から、実務上のイメージが湧かないという意見に対して、米国の類似担保である全資産担保についての調査報告書（「全資産担保を活用した米国の融資・再生実務の調査報告書（2022年3月）」）が公表されたり、「事業性に着目した融資実務を支える制度のあり方等に関するワーキング・グループ報告（2023年2月10日）」が公表されるなど、法制化に向けた議論が活発化しています。

　事業成長担保権とは、事業全体を包括的に担保権の対象とするというもので、これを活用することにより、有形資産をもたない企業であっても、金融機関からの資金調達がしやすくなり、経営者保証に過度に依存しない融資慣行の実現につながると期待されています。

2 事業成長担保権の制定と普及に向けて

「事業性に着目した融資実務を支える制度のあり方等に関するワーキング・グループ報告」では、事業成長担保権の設定にあたって、事業成長担保権を設定できる事業者を免許制とし、その設定について、債務者（担保権設定者）を委託者、担保権者（信託会社）を受託者とする信託契約での取引形態とするなど、いくつかの取引要件等が示されています。

事業成長担保権の設定を、専用の信託免許を有する金融機関に限定することなど、担保権者と債権者を分離することで、担保権の濫用防止ができるというメリットがある反面、金融機関行職員にはあまり馴染みのない"信託"という取引形態で複雑化してしまうことから、その周知・活用が進展するかが心配されるところです。

営業店現場においては他にも課題があり、その一つは、仮に事業成長担保権が創設されたとしても、普及するまでに相当な時間を要すると想定されることです。

過去、類似の例ではABL（**Q33**参照）を活用した融資がありますが、動産譲渡登記制度の運用が2005年10月３日であるにも関わらず、協同組織金融機関ではほとんど活用されていません。事業成長担保権が広く活用されるよう議論を進めたうえで、新しい担保権として成立し、経営者保証に依存しない融資慣行の実現に資するものとなることが期待されます。

コロナ新借換保証とは?

| **Answer** |

　「経営者保証改革プログラム」では、経営者保証改革に取り組むとともに、民間のいわゆるゼロゼロ融資からの借り換えに加え、事業再構築等の前向きな投資に必要な新たな資金需要にも対応する借換保証制度（100％保証の融資は100％保証で借換える、コロナ借換保証）を創設することを発表しています。

　コロナ借換保証については、2024年度の民間のゼロゼロ融資の返済開始時期のピークに備え、2023年1月10日から運用を開始しています。

1　制度創設の背景

　中小企業庁によると、信用保証協会が保証している民間のゼロゼロ融資の本格的な返済開始時期は、2023年7月から2024年4月の間に集中すると想定されています。元金返済開始件数のピークは、2023年7月49,527件、2024年4月には51,423件との見通しもあります（「事務局説明資料」2023年6月29日中小企業庁金融課）。

　中小企業者は、コロナ禍の長期化に加え、ウクライナ戦争等の外部環境による円安や物価高の影響で、引き続き厳しい経営環境が続くことから、ゼロゼロ融資の実質的延長ともいえる新借換保証制度による借換えへ、大きくシフトをすることが予想されます。

　コロナ借換保証は、コロナ関連融資の返済負担軽減を図るとともに、新たな資金需要にも対応できるよう創設されています。

　渉外担当者は、取引先から「ゼロゼロ融資の返済開始が苦しい」という申し出があった場合には、安易な条件変更で対応するのではなく、迷わ

ずコロナ借換保証の利用を検討し、しかも、取引先の状況に適応した据置期間を新たに設定して対応するのが基本です。

2 制度概要

「新借換保証制度（コロナ借換保証）」の概要とポイントは以下のとおりです。

保証限度額	1億円 ●
保証期間	10年以内
据置期間	5年以内
金　利	金融機関所定
保証料（事業者負担）	0.2％等（補助前は0.85％等）●
要　件	売上または利益率が5％以上減少　など
その他	・100％保証の融資は、100％保証での借換が可能 ・経営行動計画書の作成 ● ・金融機関の継続的な伴走支援
取扱期間	2024年3月31日まで（予定） ※信用保証協会に保証申込がなされたもの

> ゼロゼロ融資の限度額6,000万円を上回る1億円で新たな資金需要にも対応可

> 1.4％前後が多い

> 自治体によっては補填がある

> 経営指標の向上目標を設定

> 他行庫で融資をしたゼロゼロ融資も一本化することが可能

3 借換えと条件変更の違い

借換えと条件変更は、どちらも取引先の資金繰りを楽にするという点では同じですが、今後の融資対応において大きな違いが生じます。

借換えは、新規融資を実行し、その資金で既存の融資を返済するので、新規融資が行えるだけの財務体質が必要となります。

一方、条件変更は、元本返済を一時的に猶予、減額等することで、財務体質の悪い先に止むを得ず行うものです。一度条件変更をしてしまうと、その後に新規融資を行うためには、従前の融資条件に戻すことが必要となります。そうなると、一括弁済すること以外、実質的に不可能となりますから、新規融資を受けることは非常に困難になります。

　また、既存融資の条件変更により、債務者区分がランクダウンする可能性があります。例えば、その他要注意先の条件変更により、要管理先になるといったことですが、要管理先は不良債権ですから、金融機関としては融資に引当金を積まなければならず、どうしても融資に消極的になります。確実で万全な担保が取れない限り、要管理先に対して新規無担保融資をすることは難しくなるのが実態です。したがって、間違っても借換えが可能な先に対して、条件変更を行ってはいけません。

　コロナ借換保証では、すでに条件変更を行っている取引先であっても、その条件変更をしていることのみを理由として、その対象から除外することはありません。取引先の経営状況、今後の事業計画、返済見通し等が再構築できる先であれば、渉外担当者は、前向きに本業支援を行い、コロナ借換保証による借換えにチャレンジするよう推進したいものです。

〈参考文献〉

・黒木正人『経営者保証ガイドラインの実務対応に強くなる』（ビジネス教育出版社）

・小林信明監修・岡島弘展編著『これでわかる経営者保証改訂版』（金融財政事情研究会）

・野村剛司編著『実践　経営者保証ガイドライン─個人保証の整理』（青林書院）

・「経営者保証の取扱いマスター講座」　近代セールス社

・「近代セールス№1421」（近代セールス社）

・「バンクビジネス№1049」（近代セールス社）

〈著者プロフィール〉

黒木 正人（くろき・まさと）

行政書士・宅地建物取引士

1959年2月16日生まれ　明治大学法学部法律学科卒業

1982年4月〜　㈱十六銀行入行、事業支援部部長、十六信用保証㈱常務取締役

2012年4月〜　飛騨信用組合入組、融資部長、常務理事、専務理事、理事長

2021年6月〜　黒木正人行政書士事務所所長、TACT高井法博会計事務所会長補佐、
すみれリビング㈱・すみれ地域信託㈱取締役、ミネルヴァ・サービサー
シニアアドバイザー、中小企業庁岐阜県よろず支援拠点コーディネー
ター他

●主な著作

「企業の持続性を見極める決算書の読み方と業種別のポイント」（ビジネス教育出版社）

「融資渉外キヅキ旅」（近代セールス社）

「新しい融資債権管理・回収の進め方」（近代セールス社）

「経営者保証ガイドラインの実務対応に強くなる」（ビジネス教育出版社）

「〔新訂第2版〕担保不動産の任意売却マニュアル」（商事法務）ほか多数

新しい経営者保証Q&A

2023年11月10日　第1刷発行

著　者　黒　木　正　人
発行者　志　茂　満　仁
発行所　㈱経済法令研究会
〒162-8421　東京都新宿区市谷本村町3-21
電話 代表 03(3267)4811 制作 03(3267)4823
https://www.khk.co.jp/

営業所／東京 03(3267)4812　大阪 06(6261)2911　名古屋 052(332)3511　福岡 092(411)0805

表紙デザイン・DTP／成田琴美(ERG)
制作／松倉由香　印刷／㈱加藤文明社　製本／㈱ブックアート

☆　**本書の内容等に関する追加情報および訂正等について**　☆
本書の内容等につき発行後に追加情報のお知らせおよび誤記の訂正等の必要が生じた場合
には、当社ホームページに掲載いたします。
（ホームページ　書籍・DVD・定期刊行誌 メニュー下部の 追補・正誤表 ）